大师与门徒

Lessons of the Masters

[美] 乔治·斯坦纳 著

邱振训 译

George Steiner

九州出版社

图书在版编目（CIP）数据

大师与门徒 /（美）乔治·斯坦纳著；邱振训译
. -- 北京：九州出版社，2024.6
ISBN 978-7-5225-2745-1

Ⅰ.①大… Ⅱ.①乔… ②邱… Ⅲ.①师生关系—文集 Ⅳ.①G456-53

中国国家版本馆CIP数据核字(2024)第064813号

LESSONS OF THE MASTERS by George Steiner
Copyright © 2003 by George Steiner
Co-published by arrangement with Georges Borchardt, Inc. through Bardon-Chinese Media Agency

本书译文由立绪文化事业有限公司授权简体字版出版发行
著作权合同登记号：01-2024-4832

大师与门徒

作　者	［美］乔治·斯坦纳 著　邱振训 译
责任编辑	周　春
出版发行	九州出版社
地　　址	北京市西城区阜外大街甲35号（100037）
发行电话	（010）68992190/3/5/6
网　　址	www.jiuzhoupress.com
印　　刷	北京盛通印刷股份有限公司
开　　本	880毫米 × 1092毫米　1/32
印　　张	6.75
字　　数	124千字
版　　次	2024 年 6 月第 1 版
印　　次	2024 年 11 月第 1 次印刷
书　　号	ISBN 978-7-5225-2745-1
定　　价	55.00元

★ 版权所有　侵权必究 ★

目　录

　　导　论　　　　　　1
一　源远流长　　　　　9
二　火　雨　　　　　　43
三　万世师表　　　　　71
四　思想大师　　　　　103
五　大师在美国　　　　139
六　不老的智慧　　　　167
　　结　语　　　　　　199
　　谢　辞　　　　　　207

　　出版后记　　　　　209

导　论

半世纪以来，我在各国各种不同高等教育体系中任教，深觉自己愈来愈无法确定这份"教职"的正当性与真相究竟为何。我用引号是为了突显出这个词在宗教与思想背景上的复杂根源。"教职"是个词义模糊的词汇，它跨越了从因循而无味的糊口谋生到崇高的神圣使命之间的诸多差距；它包含的类型众多，下自误人子弟的冬烘先生，上至循循善诱的百代宗师。我们深浸在近乎无以数计的教学形态里——诸如基础教育、技术指导、科学、人文、道德，还有哲学——却很少回头省思所谓的传道授业解惑，用一个较精确而实际的方式来说，这份奥秘究竟是怎么回事。究竟是什么使得一个人能够教导另一个人，这份权威又来自何处？其次，那些受教者回应的主要次序又是什么？这问题不只困扰了奥古斯丁，至今仍是自由主义气氛中的痛脚。

我们可以简化出三种主要的情境或关系结构。有些师者在心理上"毁"人不倦（destroyed their disciples）（少数时候在肉体上也会如此）；他们会败坏学生的精神，摧残学生的希望，戕害学生的信赖感与独立性；在这灵性的世界里仍有吸血鬼存在。相对地，有些学生、徒弟与学徒也会推翻、背叛甚至毁灭他们的业师；这出戏码同样包含了心灵与肉体的层面。一当选校长，洋洋得意的瓦格纳也会一脚踢开他那濒死的恩师浮士德。第三类关系则是一种交流，一种互信互慕之情，一种爱（就像《最后的晚餐》中"爱的门徒"那样）。通过彼此互动、同化的过程，师徒间能够教学相长。深刻的对谈也会产生最深厚的情谊，而这同时也会包含清晰的洞见与爱的不理性；看看亚西比德[1]与苏格拉底，埃罗伊兹与阿伯拉尔[2]，还有阿伦特与海德格尔这些例子吧！有些学生甚至会觉得老师逝世后自己将难以独活。

尽管有无数种组合与差异的可能，这每一种关系模式在宗教、哲学、文学、社会学以及科学等各领域中却是屡见不鲜。由于举世皆然，使得我们无法对这一题材进行全面性的探究，因此后续的各章节只能提供几乎是刻意汰选后最精要的简介。

我们面临的症结在于这些问题源于历史情境，而且反复出现，犹如时间的巨斧来回摆动所凿出的斧痕。究竟传授（tradendere）是什么意思，又是什么使谁对

---

[1] Alcibiades（约公元前450—前404），又译阿尔西比亚德，雅典杰出的政治家、演说家和将军。
[2] Abelard（1079—1142），法国中世纪神学家、哲学家。他在教授埃罗伊兹期间，两人相爱并生下一子，埃罗伊兹家人忿怒不已，派人殴打并阉割了阿伯拉尔。二人后分别入修道院，有往来信件传世。

谁的传授得以正当化？"已经传授的东西"（traditio）与希腊文中"现在所传授的东西"（paradidomena）之间的关系总是暧昧难明。"传袭"（tradition）一词仍保留了"反叛"（treason）与"传递"（traduction）的部分语义，这或许并非意外。而这些感受与企图，在"翻译"（translatio）的概念中不断发生共鸣。教学，就其基本意义而言，是不是一种翻译？是不是一种让瓦尔特·本雅明赋予忠实与转让这些卓越德性的文字实作？我们可以看到这问题有许多不同的答案。

真正的教学一直被认为是模仿着对海德格尔所说存有能揭示与封闭内在真理（aletheia）的超越举动，或者说得更精确些，是模仿着一种神圣的举动。一般世俗的入门或进阶学习，都是宗教与教会教育的翻版，而其原本在解读哲学与神话时，是通过口语上的交流。老师就是个聆听者与传信者，让他所启发、教导的对象能够掌握到他所启示的"理、道"（Logos），那个"太初之道"。事实上，这就是犹太经师"托拉"、《古兰经》讲师，以及《新约圣经》讲师的真正模样。只是这种典范通过一种类比——而这类比又带来了许多的困惑——延伸到对世俗知识、对智慧（sapientia）及科学（Wissenschaft）的分享、传授与典籍编纂。我们在神圣经典及其注释的大师身上所看到的典型与实践，也延伸到了世俗领域之中。因此，在任何教育史上，都可以看到圣奥古斯丁、阿吉巴[1]和托马斯·阿奎那的身影。

相对地，也有人说真正能禁得起检验的教学，要通过老师的示范。老师展示给学生看他对授课内容的掌握、他操作化学实验的能力（所以实验室总是一堆"操作者"）、他解决黑板上数学算式的能耐，以及在画室中描绘石膏像或人体模特儿的能力。示范性的教学是种表演，而且可以是一场无声的表演。或许，教学确实也该是如此。老师的手指导了学生怎么弹钢琴。有效的教学是外显的，是一种表演。这种令维特根斯坦深感兴趣的"展露"深植于字源学中：拉丁文中的"dicere"是"表现"的意思，后来又指"通过言说表示"；中世纪英文中的"token"与"techen"则含有"展现"的意思（老师是否终究是个艺人呢？）。在德文中，表示"指出"这意思的"deuten"，和表示"意味着"的"bedeuten"有密不可分的关联。这一连串的字词意义关系，让维特根斯坦否定了在哲学里有任何真正只通过文字指导的可能。尤其关于道德，只有通过大师的真实生活，才能够显出其证明。光是苏格拉底和诸圣先贤他们自身的存在，就是种教导。

这些说法都可能过于理想。福柯的观点尽管相当简化，却相当中肯。教学可以被看作是一种权力关系的公开或隐然展现。老师拥有心理、社会、身体的权

---

[1] Akiba（50—132），希伯来拉比，推动统一经文运动。

力,能够对学生赏罚黜陟。老师的权威来自制度或个人魅力,或是两者都有;而这又靠着威胁或承诺来加以维系。知识本身,从教育系统与制度的定义及传授来看,就是权力的形式。在这种意义下来说,即使是最极端的教导形态,也都是保守而充满了稳定的理想价值的〔在法文中,"终身教职"(tenure)指的就是稳定(stabilization)〕。今日"反文化"与新世纪的种种论争,以及其根源——在宗教上言必称典和自由讲述的争论——都使得正式的知识与科学研究成了剥削策略与阶级统治。谁对谁教了些什么,又有些什么样的政治目的?我们会发现,这种作为暴力的教导结构,会升高到迸发出性爱激情,尤金·尤奈斯库的《课堂》(*La Leçon*)对此做了极辛辣的嘲讽。

不经反省地过活,就是对教导的拒绝,对教学的否定。老师找不到学生,找不到能够继承他的学说道统的人。摩西毁了第一份石版,也就是上帝亲手铭写的那份训诫。尼采在苦于需要回应时,却缺乏适当的学生。这就是查拉图斯特拉的悲剧。

或者,也可能是老师所传授的学说与信条(doxa),被认为过于危险。这些学说被埋藏在某个神秘的地方,希望久久不被人所发现;或是更戏剧性地,随着大师逝世而长眠地底。在炼金术的历史与犹太教神秘教义卡巴拉的传说中,这类例子不胜枚举。更常见的,是只有少数拣选过的亲信弟子才能够接受大师真正的精要;一般大众只能听闻较为松散模糊的版本。这种秘传与外教的区别,产生出了列奥·施特劳斯对柏拉图的解读。今日的生物遗传学与粒子物理学中,能见到类似的情形吗?是否还有对人类、对社会过于危险而无法进行测试,或是无法出版的假说及发现呢?军事机密,或许其实是种复杂而隐秘的两难的表面伪装而已。

有些情况下,通过意外、通过自我欺骗(费马已经解决了他的定理吗?),或是通过历史活动,这些学问也会随之消散。有多少口传的智慧与科学(例如植物学与医学疗法)已经永远不可复得?从亚历山大港到萨拉热窝,又有多少经书典册已经尽付祝融?阿尔比教派的书卷,如今徒留怀疑。尤其在人文学科中,这些"真理"、这些极富深意的隐喻与洞见,都极可能已经失传,再不可复得了(这正是亚里士多德对喜剧的看法)。如今,除了摄影一途,我们已经无法重制凡·艾克的笔触与色调了。据说,我们也无法重现帕格尼尼所拒绝教授的那三拍延长音(fermata)。英国巨石群和复活岛上的巨大石像,又是用了什么方法使它们矗立当地?

很明显地,教学的技艺与活动,是种辩证过程,尽管辩证一词已被广泛滥用了,大师从学生身上学习,也由于这种相互关系而调整;就理想来说,乃成为一种交换的历程。施成为得,就像在爱这谜团中一样。保罗·策兰说得好:"我在成为你的时候,才更是我自己。"当师傅发现学生不堪造就或是背叛师训时，会将学生逐出师门；而当学生认为自己已超越了师傅，就必须要抛弃师傅才能成为自己（维特根斯坦甚至会叫他要这么做）。胜过师傅，以及在心理分析所说的俄狄浦斯式的忤逆，会造成挥之不去的悲痛；在《神曲·炼狱篇》中但丁对维吉尔的告别，或是川端康成的《名人》，都是明证。或者，也可能带来复仇的快慰，无论是在小说里（瓦格纳赢过了浮士德），或是在现实中（海德格尔不仅胜出，更打垮了胡塞尔）。

而我，现在要针对在哲学、文学与音乐上的一些实例来进行考察。

一　源远流长

教学，无论言教或身教，无论借由口说或亲身示范，显然与人类历史同样久远。无论多么遗世独立或野蛮，没有家庭或社会体系能够免于教导与学习，也无法摆脱师生关系。然而，西方的传承有其独特的根源。令人咋舌的是，形成学习传统的作用与形态、师生关系的形象，以及与其他学派的竞争，从公元前六世纪起一直保留至今。今日讲演与专题的样貌、对于其他学派师生的评论、教学本身的技巧钻研等，绝不会令前苏格拉底时期的人感到惊讶。这历经千年的承续是先人给我们最重要的遗产，也正是我们所谓西方文化的轴心。

令人苦恼的是，我们对恩培多克勒、赫拉克利特、毕达哥拉斯、巴门尼德等人物所知既多又少。这些人物的生活轶事不停激发哲学家与诗人的遐想。他们不仅催化了宇宙论、形而上学及逻辑论证等西洋知识的发展，也推动了艺术、诗歌，毕达哥拉斯甚至还发展出关于音乐的概念。然而，他们真正的教学内容如果还留存至今，也只徒留断简残篇，或是由柏拉图、亚里士多德、拜占庭教士，以及教会的神父等批评者的引述，而这些引述内容未必确实甚或遭受扭曲。西西里岛与小亚细亚等地在前苏格拉底时期的哲学科学的教育内容及方式，笼罩着一层时隐时现的迷雾。"哲学科学"（philosophic-scientific）这个称呼也不尽恰当。在前苏格拉底时期根本无此区分。寓言、异教及萨满魔法的要素，都被糅合成为困难而高度抽象的命题〔例如巴门尼德的"虚无"（nothingness）与赫拉克利特的辩证等〕。黑格尔有句话说得精彩："只有通过赫拉克利特，本身即是哲学的哲学史，才能卓然而立。"然而，赫拉克利特，如古人所形容，是位黝黑而好问的智士，却仍与在他之前的哲人一样暧昧难明。

在此，我们要开始面对主题之一：口授教育。虽然在文字的历史中不断受到挑战，口授言辞却早在文字出现前就已融于教学行为中了。师傅以言辞传授予弟子。从柏拉图到维特根斯坦，口耳相传、面对面的问答才是活生生真理的理型。对许多教师及思想家而言，以静谧无声的抄写方式上课，不仅大错特错，根本是离经叛道。

对海德格尔而言，阿那克西曼德仿佛近在眼前。但是像阿那克西曼德、阿那克萨戈拉、色诺芬尼、希俄斯岛的伊翁等四处周游的古代大师们，却始终是个谜。哪些人是他们的学生？他们又是如何教授的？而究竟所谓的阿那克萨戈拉"学派"是什么意思？种种的传说与猜测都将初期的哲学宇宙学说联结到"俄耳甫斯教",也就是希腊神话人物俄耳甫斯的教诲与教仪。俄耳甫斯教几乎一直是种坚不可摧的概念与传统。尤其值得注意的,是哲学教育与酒神狂歌(rhapsode)之间的紧密联系。酒神狂歌这种技艺以口传诵,而且合乎诗韵。狂歌诗人与葬仪诗人的仪辞,以及许多大师们的论述(例如恩培多克勒、巴门尼德,还有柏拉图的神话故事)都以诗文的形式表现;这些早期师生门派所建的体例,虽不可复得,却影响至今。其影响的力道在现今的教育中仍有迹可循。

师生关系这论题,始于环绕着恩培多克勒与毕达哥拉斯的教诲与生平记述。第五世纪晚期,毕达哥拉斯的名声及其教训已广为流传。毕达哥拉斯被视为通才(赫拉克利特会谴为"假博学"),他所造成的影响极为深远,包括在宇宙论、数学、音乐等方面,而最重要的,是对培养禁欲的纯洁人格的生活指引。他在科罗托纳的教学,必定散发出极为迷人的魔力。怀疑论者乔纳森·巴恩斯对前苏格拉底时期的研究里提到了"数种教派",其中毕达哥拉斯"教派""是个通过规范与禁忌组成的宗教社群,而不是科学团体,并且还涉足了南意大利的政治"。

其中所指的"涉足"(dabbling)意义非常。这似乎表示毕达哥拉斯号召了一群由当地士绅贵族组成的教派。在牢不可破的传言中,盟会(etaireia)的成员需要历经数年的准备、初入会时的静默戒律、严格的节食与卫生要求,才能被允许获大师亲授。尽管道德与智性的培育无疑是首要的,但毕达哥拉斯的愿景与教义却确实有着政治的意蕴。这些愿景与教义意在以哲学治国——建立一个柏拉图式的理想国。传说在公元前四九七至前四九五年间,市民群起反抗,迫使毕达哥拉斯逃到梅塔庞托一事,并非空穴来风。根据模糊的记载,这位大师后来因为四十天未曾进食而逝世(这就是《圣经》里那"沙漠中的四十天"吗?)。

然而,师虽逝而教不息。毕达哥拉斯学派在受到科罗托纳影响的各城邦中仍持续存在着。后续的毕达哥拉斯学派在公元前四五〇年左右受到攻击,因而逃往了希腊。借由制度与教仪的联系,我们到公元前三四〇年都还能发现这些学人的踪迹。心灵生活与城市浮嚣之间不断的冲突又再次爆发了。俄耳甫斯被大卸八块,正如希伯来人也会坚称先知们与智慧的导师被市民所杀害。

这些冲突让我们得以认识恩培多克勒。他超自然的氛围比毕达哥拉斯的更为显著。备受尊崇的恩培多克勒身边环绕着许多同伴、学生与朋友,其中还不乏女性。恩培多克勒的教授内容,与在他之前的俄耳甫斯–毕达哥拉斯式或巴门尼德式教授内容,基本上都是口述式的,不过恩培多克勒的哲学诗文却流传至今,而其文中的政治企图昭然若揭。恩培多克勒的哲学魔术,其内在而精粹的信条只教予特选的精英,确实包含有对统治叙拉古或阿格里真托的可能性。恩培多克勒拒绝接受王冠的传闻流传已久;一如在另一个传说中，他实行暴虐的统治，包括处决他自己的敌人；因此，也流传着民众崛起，这位贤者被逐至伯罗奔尼撒的传言。这故事还有另一个版本，由于教士与暴民的憎恶，恩培多克勒在向他后来成为著名物理学者的学生保萨尼亚斯告别后，便爬上埃特纳山，跳入了山谷里。溪岸边所留下的一只凉鞋，诉说着大师自尽的故事。

但他的教义及风格仍有着持续的影响。至公元前四世纪，恩培多克勒学派的医药学校，在叙拉古当地仍盛极一时。迟至公元六世纪，新柏拉图主义者辛普利修斯[1]仍读着关于恩培多克勒教诲的卷轴。恩培多克勒传奇性的死亡及其哲学与社会意涵，在在激发后人无限遐想：我们接下来还会看看弗里德里希·荷尔德林的三大卷巨著《恩培多克勒之死》，诺瓦利斯写出了一部关于恩培多克勒的戏剧，尼采也以此创作了一篇悲剧。虽然这出戏只有一幕，但却能自我呈显出其中内容之丰富。尼采剧中的恩培多克勒会以知识反对自己；他期盼着他子民们的灭亡，因为他们的懒惰及愚昧实在是无可救药。他"使自己愈来愈严苛"。这些主题，还有"恩培多克勒特色"，都密切地反映在《查拉图斯特拉如是说》中。确然，这位大师的超升与逝世已经成为一种典型。这激发了易卜生，也留下了与苏格拉底的城市性大相径庭的故事。盖哈特·霍普特曼

---

[1] 古希腊哲学家，生于基利家（今土耳其东南）。

的《印地佛地》(*Indipohdi*)将这死亡更加戏剧化。还有许多诗人、剧作家则着眼于恩培多克勒与他关爱的学生之间的爱欲关系。

马修·阿诺德的《埃特纳山上的恩培多克勒》是一部冗长而沉缓的作品，但其中含有重要的提示。争辩"将我们一分为二，因为这新的一群／辩士们已经统占了我们的学派"。"这群辩士已经／用言语遮蔽了人类良心的最后光辉"。到底这些可怕的辩士是谁呢？

他们在历史上恶名昭彰；巧用诡诈的论证；善用巧簧之舌两面讨好、高谈阔论，实际上则言不及义；辩士学派向以舌灿莲花及营营汲利的无碍辩才著称。近年来，人们才对这些传统的刻板印象重新反省，而早期历史上两大辩士学派——先出现在希腊，然后在罗马——也重新被评估。这些重新评价的意见无异于掀起一场新革命。最主要的辩士及其弟子，现在被视为文句批评的滥觞（参见普罗泰戈拉对西莫尼德斯诗篇的分析）。辩士们，尤其是高尔吉亚，对"虚无"与存在命题的吊诡所进行的大胆思辨，总结在海德格尔对于"虚无"的经验与拉康－德里达式的解构文字游戏中。伊索克拉底、阿尔西达马斯，以及埃利斯的希庇阿斯对于语言与"文法学"（相当近于我们现今的哲学符号研究）都非常着迷。优秀的学者雅克利娜·德·罗米伊认为辩士在雅典民主中扮演着不可或缺的重要角色。

但与本文密切相关的，是这些辩士在教学、学术与书籍的发展上所扮演的角色。辩士向学生们授课，宣讲经典及自身著作（paradeigmata），我们可视同现代的讲课与专题研讨。如果普罗泰戈拉的著作被无神论者烧掉（公元前四一六～前四一五年？）的传说并非无稽，那么手抄卷轴的散布与私人买卖收藏便有迹可循。这些证据同样出现在苏格拉底与柏拉图对辩士学派的学究气，以及对其僵于依赖文字权威的批评中，散见于《普罗泰戈拉篇》《斐多篇》、柏拉图的《书信》二与七等各篇。不过，辩士们终究还是能熬过鲁道夫·费弗所谓的"希腊对书写文字的深恶痛绝"。教导学生（paideuein）进行缜密思考与注意细节的各类技巧不断精进。这些技巧虽流于着重技术层面，却因此可利于教导，而其目的乃在于作为辞令与修辞技巧的基础。尽管他们考究用字遣词，且深具"现代性"，辩士们宣称他们自己是受到神启，吟诵真理的狂歌诗人，就像先前的哲人一样。

这些特征也反映在苏格拉底身上；他对普罗泰戈拉与高尔吉亚的复杂立场，是嘲讽也是敬佩，是抗辩也是摹仿。对当时的人而言，苏格拉底本人显然也是个辩士。苏格拉底的论证也不总是比其对手来得高超（尤见于《普罗泰戈拉篇》）。他显露出近似于辩士的敏感，而这在某种程度上而言，也困扰着他自己。明鉴于这样的含糊模棱，阿里斯托芬写出了嘲弄喜剧《云》。

阿里斯托芬的讽刺触及了一个棘手的重点，奇怪的是列奥·施特劳斯在其《苏格拉底与阿里斯托芬》

中却略去不提。辩士们周游于城邦之间,讲授于私人家中与公众场所,要求并收取讲授的费用。据说普罗迪科斯讲解字词与语法的课程要收取五十银币——这可是个大数目。

但这在哲学、道德,以及知识上的意涵,却是无限深远;而且在各方面都关切到本书的主题。我们怎么能够给付传授智慧、知识、道德准则与逻辑洞见?有什么公式或方法可以计算出在人的聪慧与传授真理,以及金钱报酬之间的兑换率呢?如果这大师真是真理的承载者、增进生活幸福真谛的传道者、受到非常人所见愿景与召唤的受恩启者,他要怎么列出这些明细项目的账单?这岂不是对这些情状的贬抑与嘲弄吗(参见《云》,第二场,六五八行及之后;或见拉伯雷对索邦神学院的评论)?

可以肯定的是,细微差异、区别是必要的。技术性的技巧、教学的技艺,甚至还可能包括会对科学产生冲击的科技领域,或许都有其经济原理。木工、电子或量子计算都很显然是种"专业";从事这些作业的时间与操作原理能够被合理计算出来,并容许金钱报酬。尽管在一种简化的意义上而言,备受争论的关键在于差异:教导应用数学与纯数学的差异,在于测量员或水利工程师以及酷爱数字的理论家所使用的几何学之间的差异(其中的界线总是随意划分,而且容许修正)。音乐尤其是个令人头痛的问题。比方说,我们能将声音的训练、对位法的教学还有谱曲轻易划分开来吗？或是说音乐，在最崇高的意义上而言，作为一门艺术，在最晚近的分析中已经能够用金钱估算衡量出其价值吗？

至于诸如哲学、伦理、认知等知识，还有诗的价值又如何估量呢？狂歌诗人、柏拉图所说的全知的伊翁、为阿尔戈英雄吟唱的俄耳甫斯，都能通过表演而获得酬赏，因为在古代这类艺术常会与运动夺标竞赛相互结合。但我们怎么计算并支付给巴门尼德的"一"、苏格拉底的德行，还有康德的先验综合？没有获得适当报酬的形而上学家会继续教学，还是不为不能给付报酬的人发挥他们的专业（magisterium）？海德格尔的存有学、快乐自由主义者、理查德·罗蒂的相对主义难道贴有不同的价格标签吗？这个绝对根本性的问题却为学院事实所隐藏。因为，自辩士学派以降，有着极多的哲学学说"完成"于大学之中具有公开教授资格的男男女女，就只因为在这个企业中的每一分子都期盼并获得薪水，我们便倾向忽略了这启人疑窦的怪诞交易。因为从亚里士多德到柏格森或奎因以来，有这么多的大师都担任"教授"，都是吏制的一员，受这样的吏制安排其职位、升迁及金钱报偿，所以这一切看起来都十分"正常"。然而，也有些令人印象深刻的叛逆者，而无论男女，这些叛逆者都不从学校支薪，例如叔本华、尼采。还有些像萨特这样高超的思想家，深觉学院教育实在难以忍受，因而宁可"在外"谋生。维特根斯坦虽拥有大学教职，但他却觉得名不副实莫过于此;今天的"住家诗人"与教导"创意写作"的老师可能备受重视,但却也可能认为自己名实不副;弗洛伊德对提供治疗观察收取诊金并不感到丝毫不安;斯宾诺莎的节制寡欲更可说是暖暖内含光。

问这些哲学、文学以及诗学(辩士们称为"修辞")的老师是否应当期待并收取费用这问题,实在如履薄冰。这就像是对大学教员(其中许多年轻一点的多少都有些经济压力)提出一场充满刺激的诡辩论战(这里用诡辩一词实在是再恰当不过了)。然而,这论题却是再实际不过了。

真正的教学是一份使命,是一种神召。诸如"神职""教职"等字词的丰富意义,在道德上与历史上均已注入于世俗教学之中。希伯来文中的"拉比"(rabbi)指的就是"老师",但这个词却令我们想起远古的庄严。在教学的最粗浅层次(事实上这一点也不"粗浅")——幼童教育、聋哑教育、心智障碍教育,或是精英教育,以及在艺术、科学、思想的英才教育等,真正的教育都是回应一种召唤。"你为什么呼唤我,又要我做什么?"接受神召的先知或扪其良心的理性主义者都会如此发问。奥维德在《变形记》第十五章中仍对毕达哥拉斯感到无比惊异:

他的思想
触及遥远高处,直至天堂诸神,

而他的想象所眺景象
远超他凡人视力所及。他学习所有事物
以其缜密而热切的心灵，他带回家中
所习得的一切并坐在群众之中
教导他们真正有价值事物，而他们聆听
在一片静默之中……

这位大师很明白他这份专业的重要性，明白其神秘（如果你接受这么说的话），明白他默自许下的希波克拉底誓言[1]中所承诺的专业。他发了誓愿。不过，常有人以质疑甚或嘲弄的态度来看待这份神谕："我现在将跟随我心中神明所开示的德尔斐明谕（sequar ora moventem / Rite deum Delphosque meos ipsumque recludam）。"

没有什么奇景可比拟于列在
星空之高，远离尘世沉闷的宗教，
腾云驾雾，站在阿特拉斯巨人的肩上，
眺望远处，俯瞰下方，那些小小人儿
奔波东西，欠缺理性，
焦虑不安，因惧怕死亡，去劝告他们
去开启未定的命运。

---

[1] 被认为由希波克拉底所撰的医生誓言，包括必须竭力治病、保护病人隐私及传授医术等内容。

而危险也相应于这样的狂喜。认真教学也就是要去触及人心最重要之处：这是在探寻孩童或成人人格的敏感深处；大师如率强军入侵，强力打开心扉，彻底破坏一切，以利廓清重建。而拙劣的指导、陈腐的教学、只以功利为目标的教育方式，无论有意与否，都是极具毁灭性的：这种教学方式从根本处摧毁了希望。糟糕的教学，说得平实些是谋杀，说得夸张些则是罪愆。这会贬抑学生，将教学内容限缩为灰败的空洞。这也像在孩童或成人的心中，用"无聊"注入最具腐蚀性的强酸，用"无趣"灌入令人发闷的瘴气。可能由于某些受挫的教师心存报复，使得千百万人都因死板的教学而丧失对数学、诗艺、逻辑思考的兴趣。莫里哀为此而作的短文可是毫不留情。

因此，反教学几乎成了一种普遍规范。能在学生蒙昧灵魂中点燃明灯的好老师，比起艺术家或贤者更为难得。然而，在训练学生身心的学校教师中，能明白至大关键何在，能明白信赖与脆弱的交互作用，能明白责任与回应（我称为"回应力"）的有机融合者，却是少之又少。奥维德提醒我们："没有什么奇景可比拟。"事实上，就我们所知，在我们将孩子托付的次阶教育里，在我们寻求指导与典范的学校中，绝大多数的老师可能只是较亲切的掘墓者。他们勤于使学生沉沦至与他们相同的冷漠疲怠；他们不"开示德尔斐的明谕"，而是秘而不宣。

但真正的大师典型，却并非遥不可及的浪漫幻想或泡影。我们之中某些幸运儿能够有幸遇见真正的大师：无论是苏格拉底或爱默生，也不管是娜迪亚·布朗热[1]或马克斯·佩鲁茨[2]。这些大师通常默默无闻：可能只是在偏远学校的老师，但能启发孩童或青少年的天资，真正地作育英才；无论是通过出借书本，或是自愿地课后辅导。在犹太教里头，圣餐礼还包括给予育有学者的家族的特殊祝福。

然而回应神召要如何变成薪水？又如何能计算出天启的价格（Dictaque mirantum magni primordia mundi）？这问题一直困扰着我，使我在担任教职的生涯中惴惴不安。我为什么能够因为有如我的空气，我生存的理由（raison d'être）而获得薪水呢？和其他人一起读书，和其他人一起研究《斐多篇》或《暴风雨》，颤不成声地介绍《卡拉马佐夫兄弟》，阐述普鲁斯特对柏格特死亡的描写，或是保罗·策兰的抒情诗——这些是我独有的特权、奖赏，是他人所无的恩典与希望。我现在的退休生活倒是令我觉得相当寂寥。我在日内瓦大学开设的博士课程，大约持续了四分之一世纪。那些个星期四的早晨仿佛在圣灵降临节降临的圣灵一般伸手可及。是出了什么差错，让我成为现今的我呢？我总心神不安地揣想，或许我还该付钱给那些请我教书的人呢？

一般人可能如此笑骂：老师也得过活，即使是你

---

[1] Nadia Boulanger（1887—1979），法国著名音乐家。
[2] Max Perutz（1914—2002），英国分子生物学家，1962年获诺贝尔化学奖。

过度渲染的崇高大师，也得吃饭啊！他们之中大概有不少人相当倒霉。邪恶的小恶魔用异界的话语，呢喃诉说着无解的挑战："过活与吃饭实是绝对必需，但与探索最伟大的至极事物并与其沟通相比，不过是单调而次要的需求。"难道没有其他方式可以在专业化，在将神召商业化，在追寻真理与辩士学派引进的薪水制度之间求得平衡吗？

务实的社会可以提供教师物质所需，就像苏格拉底对其控诉者提出那极为嘲讽的建议一样。这只能建立在以物易物的制度上，而且极为平凡，而这些人只是在从事回应召唤的生意。大师们的所得是最低的，大约就像化缘修士所募得的一样。我们可以预见一些好老师也会涵盖在这范围内。更实际点说，作为思想者或提问者的大师，得用其他跟这份召唤无关的方式谋生。波墨[1]制鞋维生；斯宾诺莎磨镜片；皮尔斯[2]——这位在新世界诞生最重要的哲学家——在一八八〇年左右进行他的旷世巨作时极为贫困无依；卡夫卡与华莱士·史蒂文斯在保险公司工作；萨特是个剧作家、小说家，更是短论手册的天才作家。终身教授职位是个陷阱与镇静剂。一穷二白的学院系统会要求轮休，这段时间得靠与专精领域无关的工作谋生。即使这样的制度只能适用在极少数人身上，而且还预设了与现况几乎完全相反的社会环境——现在的社会，傲慢与

---

[1] Boehme（1575—1624），德国神秘主义者。
[2] Charles Sanders Peirce (1839—1914)，实用主义哲学的创始人。

铜臭才是主流——这种情景仍非毫无可能。

这些问题约莫与辩士进入城市的时间同时出现。这些问题，远胜我们有时猜想的那样，在由口述讲授演变成为书籍散布的过程中逐渐形成。这样的过程具体呈现在苏格拉底本人及其教学上。这种两难一样出现在从混乱的私人"校外"教学转变为学校制度的过程中。在这里，辩士们仍居要角。我们现在的专题讨论还是追随着普罗泰戈拉，我们的讲演还是模仿着高尔吉亚。

各式各样关于苏格拉底与柏拉图的评论、诠释与文章之多可谓汗牛充栋，连最优秀的苏格拉底或柏拉图的读者都难以一窥全豹。光是谈论柏拉图的书籍、论文、学术报告，就已经浩瀚无涯了。在这样的世界中，想要全面研究苏格拉底与他所激发、诱导、困惑、惹恼的人之间的关系，只是徒劳。人们对苏格拉底的态度从仰慕到欲除之而后快，不一而足。只有心灵清明，才能在"目光"余角察觉这些无法分类的细微差别。我相信，要对莎士比亚的剧中人物找出个理路，远比细数柏拉图的对话录中丰富的臣服与叛逆（无论或亲或疏）来得容易。在许多层面上，柏拉图是个足以媲美莎士比亚的剧作家；但唯独柏拉图，或许还包括但丁，才具有在道德与知识上的充沛精力。确实，即使在《斐多篇》及《申辩篇》中，"苏格拉底的对话者与聆听者是否明白表示出自己是他的学生？"这样简单的问题,依旧复杂难解(古老的资料显示出苏格拉底的学生们在苏格拉底教学的晚期才出现)。

由于未曾明言,使得柏拉图的记述该怎么看待,或是其"真假值"成了无解的挑战。对话录屡屡通过第二手甚或第三手以(不可能的)回忆往事的方式陈述。"某甲"告诉"某乙"从"某丙"听来的事,有些时候不免诉诸错误的回忆或是难以验证的传言。除了这些,我们不知道对柏拉图笔下的"苏格拉底"的了解究竟有多少:这个人物,由诗与哲学凝铸其分量,而他对生命的沉重感受更甚于与我们从福斯塔夫、哈姆雷特、安娜·卡列尼娜中所得的体会。

柏拉图早就是个诗人剧作家。在对话录中充斥着许多舞台情境——宴会、监狱、漫步于伊利索斯河河畔、广场,或是街角等等。这些场景,例如亚西比德闯入阿伽颂的宴会,在故事的开始与结束都像在戏剧文学中一样重要。就像亨利·詹姆斯般安排复杂的情节,柏拉图在《巴门尼德篇》《普罗泰戈拉篇》《泰阿泰德篇》中不断变换叙述的角度。柏拉图似乎要引起这问题:他在什么样的意义下是对话录的作者?我们总是有像是解构或后现代的怀疑(méfiance)之可能,而这样的不信任也显出苏格拉底式的嘲讽与颠覆。但是在其他部分,尤其在《克里同篇》《斐多篇》《申辩篇》中,我们却又感受到一股沛然无际的悲剧感受迎面而来。这又是西方历史上两种主要的戏剧(或是"神话")表现方式之一。借用华莱士·史蒂文斯的话,柏拉图笔下的苏格拉底——跟色诺芬或阿里斯托芬所描述的截然不同——是个"至高的想象"。

历史上的苏格拉底,那个在公元前三九九年逝去的人,真的有如柏拉图所描述的,在雅典战败后那互相毁灭的苦难时代中,说出那些深刻的哲学隽语吗?阿里斯托芬的《云》中的苏格拉底,却表现出一副滑稽而含糊的哲学老师与智者模样。或是说,这个体格健壮的道德家,就像色诺芬笔下所描写的一样,是个言语冗长乏味的老师,是个受拘于地面的精灵?由安提西尼、阿里斯提波、埃斯基涅斯、斐多与欧几里德等人所著的"苏格拉底式"对话录,现今均已亡佚了。亚里士多德的证言只是事后之言(柏拉图只有在公元前四〇八年遇见苏格拉底)。列奥·施特劳斯也怀疑"柏拉图虚构了对话录中的细节,但整件事却是实情"。他所说的这悖论虽简要,却不难懂。何况,众多后续的苏格拉底学派——包括犬儒学派、快乐主义、墨伽拉学派、柏拉图学院等等——显示出苏格拉底教诲有多么难以确定,甚至自相矛盾。还有,对柏拉图在对话录中所出现的形而上学、政治、戏剧修辞等信条所反映出的丰富转变也备受争议。最后,尤其受人议论的是,在对话录的《法律篇》中,苏格拉底缺席了。这里的缺席,或许在某些秘不可言的部分,也影射出柏拉图在苏格拉底逝世时的缺席。

不过,对师傅的仰慕或许没有人比亚西比德更为强烈。在《会饮篇》中,柏拉图洗练的文笔与对戏剧张力的掌握也无人可出其右。不过，在亚西比德所要告诉我们的话语中，却是充满了困难与陷阱。我们不仅看见亚西比德"发起酒疯"（弥尔顿说的"大闹街市"实在是再贴切不过），也看见城邦有意利用他的酒醉肇事。此外，柏拉图还暗示亚西比德在阿伽颂的晚宴上所表现出过于激动的骚乱情状，正是稍后造成他个人与城邦毁灭的关键。

亚西比德几乎不可自制地坚称师傅的奇特："苏格拉底是如此奇特，他的为人与言语，你在古往今来的任何人中都找不到第二个了。"苏格拉底在亚西比德（或柏拉图）的描述中精勇健壮，无惧于眼前的任何危险；他能狂放豪饮而始终不醉。这种反直觉的描写，否定了我们习常以为爱好思索的智者的脆弱形象。这也预示了在阿兰[1]或维特根斯坦之争中的胜者。在苏格拉底的禁欲主义方面，他的无欲无求——第欧根尼在柏拉图看来，不过是"疯了的苏格拉底"——反映在后来的斯宾诺莎身上。

另一个奇特之处，在于苏格拉底求助于神灵（daimonion），也就是在他面临重要抉择时出现的守护灵。正是这样的灵启让他始终忠于心灵生活，让他不涉足于政治之中。其他人在面临这种理性怀疑时，则会祈求阿波罗或缪斯。狂歌诗人的模仿者在接近结尾时会转向诗、转向音乐。苏格拉底完全能理解维特根

---

[1] Alain（1868—1951），法国哲学家。

斯坦在其《哲学研究》中的评论："如果能够，我要将这本书献给神。"但我们要如何判断苏格拉底这有点嘲弄，也有点自嘲的"神灵说"是否成于柏拉图之手？控诉者察觉这位智者对传统信仰的否定与反叛态度时，是否真有所凭据来指控？有些教会神父认定苏格拉底是恶魔的产物，有些则将之视为圣贤。苏格拉底的奇特之处仍备受争论。

亚西比德痴迷于苏格拉底的丑陋：他五短身材、狮子鼻，看起来就像是半羊人或森林之神西勒努斯[1]。他的长相、身材完全不符合传说中柏拉图所具备的雅典俊美男子的形象。但大师的吸引力仍无人能敌；没有人能抵挡苏格拉底的魅力，没有人能抗拒他的诱惑。正是无数个希腊与罗马所刻铸的苏格拉底胸像，让克尔凯郭尔构出了诱惑者的形象。这种诱惑远远超乎苏格拉底的话语及言辞陷阱之外。这是种无法拒绝的灵肉组合。学生们深深着迷于师傅个人。亚西比德自述想和苏格拉底发生性关系，虽属狂野自嘲的幽默，却也透露出苦不堪言的沉痛。经历可怖的预示，苏格拉底接受了"自大傲慢"的审判。俊美的亚西比德"整晚躺在这个像神一般非凡的人身旁"，他深爱苏格拉底而且意欲与他发生关系。但因为苏格拉底"仿佛父兄般"出乎意料的自制，他一早就得离开。

苏格拉底，说得难听些，是个"色情狂"。他从肉

---

[1] 希腊神话中酒神狄俄尼索斯的导师。

体的淫欲到超越的爱（agapē），四处探索着爱的本质与特性。爱欲在政治中、在个人的灵魂中的封闭与开放，爱与追求哲学真理的和谐与冲突——而这两者最终必须统一——是柏拉图笔下苏格拉底的主题。通过新柏拉图主义与希腊化基督宗教，苏格拉底-柏拉图式的爱弥漫着西方的思想与感受。实际上，苏格拉底的爱，是同性间的爱，是种年长男性对青少年的激情（在其他篇章中，例如《卡尔米德篇》甚至允许肉体关系）。苏格拉底与赞西佩已成了众所皆知的悲惨婚姻。哲学教师偶尔可能得逃离他们的妻子：阿尔都塞的戏剧便是明证。只有在男孩与他们光彩的肉体间，苏格拉底才得以满足。柏拉图自己对同性性关系的观点则难以捉摸，而这主题在经典研究与社会人类学之中仍争论不休。但其角色与其重要性在本书主题中则极为明白。

情欲，无论隐藏或公开，无论是幻想或实际行动，都与教学交织在一起，在师生现象中纵横交错。这项基本事实已被简单化为性骚扰来看待了。但它仍十分重要。我们怎能将之视作琐碎小事呢？

教学的冲动就是说服。教师们引发注意、认同，甚或还能有合理异议。老师请求信赖，就像马克思在一八四四年手稿中的理想陈述："以爱换取爱，以信赖换取信赖。"说服既是积极的——"与我分享这份技巧，跟随我进行这份技艺与练习，读这篇文章"，同时也是消极的——"不要相信这个，不要花时间精力在那个上头"。而这背后的动力都是一样的：以沟通来建构一个融合共享的感觉、激情与拒绝的社会。通过说服与引发，即使是最抽象最理论的内容——例如数学定理的证明、音乐对位法的指导等——无论有意与否，总是无法免于诱惑。大师会触及聆听者的智性、想象力、神经系统，及其深层的内在；在教导肉体技巧、运动、乐器演奏时，他又会触及身体。触碰与接纳，在心理与生理上是绝无可分的（看看芭蕾舞课就能了解）。身体与心灵整个都纳入了这范围内。充满魅力的大师，这令人心驰神往的"教授"，以一种"整体论"、身心合一的方式在手中掌握着的，是他们学生的灵魂。其中隐藏的危险与特权广无边际。

每一次"进入"他人，无论是通过说服或威胁（恐惧是伟大的老师），都会产生爱欲。信赖、供予及接纳，其根源也来自性。教导与学习事实上是另一种无法言喻的灵魂交媾。这种交媾使得理解与模仿（imitatio）更带色情意味。艺术与人文的教学内容，与音乐分析及演奏的关键，就其本身而言是充满感情的。这些感情，有相当部分会直接或间接地关联到爱的领域。我直觉地认为教导科学也是种爱欲的表现，只是较难以文字形容。

"大师课程"、个别指导、专题讨论，甚至讲演都能产生使心灵紧张的气氛。亲近、嫉妒与觉醒会转变为爱、恨，或是两者的混合。这是欲望与背叛的演出，是操弄与脱离的剧场，就如同爱欲的戏码一样。"您是唯一真正值得我爱的爱人，"亚西比德如此说道，只因为苏格拉底，就像其他真正的老师一样，"是这世上唯一能令我感觉自惭形秽的人。"

千百年来，在无数社会中，传授知识、技巧与价值（paideia）的教育总是一边与成熟的男性或女性，而另一边与青少年或青年密不可分。这使得肉体对美的吸引更加错综复杂，看看米开朗基罗与卡瓦列里[1]就能明白。在柏拉图学院或雅典的竞技场中，在巴布亚的长屋中，在不列颠公立学校中，在各宗教的神学院中，同性恋不仅蓬勃发展，甚至被认为是具有教育性的。师傅（magister）的色欲，以及学生有意无意间流露的性吸引力，极化了教学关系。我相信，在真正的教导与实际的学习之中，必定有爱或是恨（或说是邪恶的爱）的表现。在古雅典，这种表现是公开追求的，而且明载于哲学典册之中。这也呈现在结合爱欲与禁欲于一身的苏格拉底身上。这种二元性，也是他的"奇特处"之一。

就像柏拉图所记载的，苏格拉底最奇特的一点在于他的教学方法。这些方法，自阿里斯托芬以来，屡受怀疑与嘲弄，也是哲学与政治思辨的对象。通过交互问答的反诘法，并非以一般的教导方式传授知识。这方法是在答案中开展出不确定，通过质问深入到质问其自身。苏格拉底的教法，是不教之教，这是后来维特根斯坦的模范。我们可以说掌握到苏格拉底意思

---

[1] Cavalieri，罗马美青年，据传米开朗基罗爱慕他三十多年。

的人，其实是自己获得了知识，尤其在伦理学方面更是如此。苏格拉底自承无知；德尔斐神谕称他最有智慧，是因为他能明见自己的一无所知。

但这种声明究竟有多认真？有多少像胡塞尔所说的意向性？学者们一直为这悖论争论不休。而且，在《美诺篇》（九十八 B）与《申辩篇》（二十九）中，苏格拉底言之凿凿。难道真能说以无知为专业，竟能产生出教学，竟能传授实际智慧（康德所谓的实践理性）吗？否定知识竟能被视为聪慧？然而，苏格拉底的立场却非绝对的相对主义，更不是怀疑论者。他一直强烈要求在善恶之间有所区分。苏格拉底不像有些辩士，拒绝将他所深明之理（eu oida）视为邪恶。灵魂的均衡（eudaimonia）是建立在对道德正直的强烈直觉上，建立在对人对己的正义上。但这能通过任何系统化、制度化的方式来教导吗？"在哈佛能这样教？绝不可能。"埃兹拉·庞德这样说。

我想，柏拉图对良好德行的提倡，并不是苏格拉底式的。因为对苏格拉底而言，真正的教导是要通过身教。也就是说，你得身体力行才行。正义生活的意义只有靠过正义的生活才能体现。通过难以定义的方式，与苏格拉底进行辩证，经由他晦涩的言语来进行检验，这才能够说是正义的生活。维特根斯坦的《逻辑哲学论》中坚持意义即"表现""展示"，大概意近于此。苏格拉底式的道德引导，可说是真正的"指引"。

苏格拉底对其聆听者所提出的许多诘问，其实都是非常浅显而易于反驳的。我们可能会对柏拉图过于简单的抄录大感不然。不过，这并非重点所在。我们能通过观察运动员的比赛或音乐家的演奏而学习；在一些理想的情况下，我们也能设想出沉默的苏格拉底；或是像查拉图斯特拉那样舞动自己的意义。同样地，这也与《逻辑哲学论》的尾声相关。

在《欧绪德谟篇》以及更明显的《美诺篇》中，柏拉图笔下的苏格拉底更进一步取消了我们一般所认定的教学功能。"人无法探究他已经知道的事，因为他已经知道了，所以毋庸再行探究；而他也无须探究他所不知道的，因为他根本不知道要探究的究竟是什么。"因此便推论出知识即是回忆。因为灵魂不灭，因此在之前的存在状态就已经习得了所有的事物（chrēmata）。所有的事物都彼此相关，因此可以通过串连与联想重获知识（某些时候，苏格拉底与弗洛伊德倒是十分相近）。发现等于重新获得，也就是"重新发现自身之内潜在的知识"。讽刺的是，这个理论模型是不是有点像是俄耳甫斯教与毕达哥拉斯教义的翻版呢？

众所周知，苏格拉底式的教师可说是灵魂的助产士，是将我们从失忆以及从海德格尔所谓"存有的遗忘"中唤醒的闹钟。大师诱导我们有所见地，而事实上，这些都是我们曾见之地。可是这么一来，该如何说明错误的可能呢？连《美诺篇》中苏格拉底用他的助产法使小奴童做出的几何证明，现在都被证明是不健全的了。真正的重点在于能启发想象力的无眠：禅学大师会在学生睡着时敲醒他们；伟大的教学是从不休眠的，或者像是在客西马尼园中一样。梦游者是老师们天生的敌人。在《美诺篇》中，阿尼图斯警觉到苏格拉底教学法所具有的破坏性与不安，提出警告："要小心。"但是没有哪位认真的大师会这么做。最是极端不安之处——苏格拉底的质问法，《美诺篇》（八十四）中形容为"有如虹鱼"般令人瞠目结舌——亦即爱之所在。荷尔德林在《苏格拉底与亚西比德》中说得再完美不过了：

"为什么神圣的苏格拉底，你要对这青年
持续付出？你难道不知道更伟大的事吗？
为什么，你充满爱意，看他如看着神明？"

教导最深者，愈是热爱勃勃生机，
深入世界者，愈能理解优秀青年，
而最后，睿智者也常常
倾慕那美丽者。

天才作家柏拉图，在《斐多篇》与第七封《书信》中倡言以口陈述。只有借着口述言辞与当面相对才能引发出真理，更甭提如此才能确保真诚的教学了。这是个令人不安的悖论，但这位对话录的作者对书写的发明与文字信条却抱持着深度的怀疑。

有书写就有忽略，也就是记忆的衰退。但记忆是"缪斯之母"，是使人类能学习一切的能力。这是个心理学命题，而我们在《美诺篇》对灵魂的先在与不灭的论述中能发现这也是个形而上学命题。在柏拉图式理型（Ideas）与理型形式（Forms）的建构中，理解与来世可说都是种"纪念仪式"，是一种因口述而产生的记忆行动。更明白地说：我们牢记在心的，会在我们自身中开花结果。记忆的内容会与我们在时间上的存有发生互动，会调整我们的经验，也会被经验所调整。记忆力愈强，愈能保护我们完整的自我。没有任何监察机关或警察能够根除记忆中的诗句（例如曼德尔施塔姆口耳相传直至今日的诗句，没有任何文字版本能够适当表达在死亡集中营里），有些拉比与《塔木德》的教师被当作"活书本"，他们的记忆能够"翻转"成其他牢友所寻求的仲裁或慰藉。重要的史诗与神话在"进化"为文字时，反而衰退了。于此种种，可见今日学校教育对记忆的净化，实在是种秽不堪言的愚蠢。意识将因此失去最重要的秤砣。

其次，书写会使论述受限与僵化：这会使思想的自由活动陷于停滞，这会令人为的规范权威成为主宰。摩西的律法来自未经上帝亲手所写的第二块石版；安提戈涅[1]为"镌刻"于灵魂中，却未曾明载于书册中的正义（themis）而抗议克瑞翁专制政体下的合法性

---

[1] 古希腊底比斯国王俄狄浦斯之女，为求埋葬其兄波吕尼刻斯的尸体而与舅父克瑞翁争辩，最终自缢。

（nomoi）。书写的文字不会聆听读者，也不会考虑读者的疑问与反驳。说话者能在每个点上修正自己的言论；他能改正其言论。书本本身占据了我们所有的注意力。作者（Auctoritas）一词来自权威本身。

令人讶异的，是可互动、可修正、可被中断的文字处理机与网络上的电子文件，可能会发生维柯[1]所说的循环，转回为口语的陈述。视窗文字，就某方面而言，是暂时性且开放结局的。这样的情况，或许能恢复真正教学的要素，就像苏格拉底所采行，并由柏拉图所戏剧化的那样。然而，电子文学同时也因其无限制的资讯存取能力与庞大的资料库，影响了我们的记忆。而荧幕上出现的面孔，也不是柏拉图或列维纳斯[2]认为在成功的师生际遇中最不可或缺的当面相会。

口语陈述可能暗示着教学与启示之间的区别，尽管这两个领域多有重叠。即使是通过言语阐述，启示通常还是会引用教会的神圣典籍。启示可能引用摩西五经（托拉，犹太教称教律）、福音书、《古兰经》，或是《摩门经》；也可以是西奈山上以火铭写的启示、圣约翰在拔摩岛上带回的《启示录》，或是红册子《毛语录》。只是因为预设了生动的动作与目睹，才强化了启示所提供的讯息。就此而论，《塔木德》并不比马克思主义的教条更能显现出有什么"启示"。另一方面，以

---

[1] Giambattista Vico（1668—1744），意大利哲学家。
[2] Emmanuel Lévinas（1906—1995），犹太裔法国哲学家，曾跟随胡塞尔学习。

口语教授，会产生许多具启发性的错误，也会产生许多的修正及反驳。启示的真理，通过书籍——无论是《圣经》，或是马拉美包罗万象的《书》(le Livre)——会将思想化成石块。因为历经书写，教导的"教训"意义已远比不上其"宰制"意涵（这两个词连同"训令"一起看来，就成了一种恶兆）。

"他是好老师，但从未出书"——这是在哈佛大学中揶揄拿撒勒的耶稣不适合担任终身教授的一句老笑话。不过这句话的背景倒是隐约透露出一件重要事实。苏格拉底与耶稣都没有将他们的教诲书于文字。遍观柏拉图全集，苏格拉底只有两次曾经诉诸书写文卷；但在这两次中，他都非真正执笔的作者。《圣经》中唯一一次的谜样记载出现于《约翰福音》八章一至八节，当法利赛人质问耶稣关于在行淫时被抓到的女人该如何处置时，"耶稣弯下身，用手指在地上写字，置若罔闻"，他在说出"你们之中谁没犯过罪，谁就可先用石头打她"这句精彩的反驳后，又再次在地上写了字。我们不知道耶稣在地上写的是什么，也无从得知他写下的是什么语文。乍看之下，这段谜样的圣课极易启人疑窦。学者现今则多认为这是后人的增补。我们没有耶稣会写字的证据。

说苏格拉底与耶稣是我们文明的轴心一点也不夸张。经由他们逝世的受难故事中，产生了内在语汇，以及我们在道德、哲学和神学上的金玉良言。他们的伟大形象无远弗届，而且使西方世界同时深感无力回天的悲哀，却又燃起希望之火。这两位大师的相似、比较与对照，引出了无数宗教上的解释、道德与哲学上的诠释，还有诗艺与戏剧技巧的研究。事实上，没有苏格拉底与耶稣，我们不可能掌握例如从赫尔德到黑格尔，或由克尔凯郭尔到尼采与列夫·舍斯托夫的西方智慧发展。对这两位圣贤的研究都同样广大。在雅克-路易·大卫精美的画作中，苏格拉底可是刻意在耶稣之前，就于诀别时刻举起了手指。

我这里关注的焦点是在雅典、在加利利与在耶路撒冷的教学与师生关系。来自拿撒勒的辩证大师，四处巡回传教，向愿意聆听者布道的人，是个名副其实的老师。

和苏格拉底不一样的是，这位加利利的大师召选了他的门徒。门徒们的数量也相应于传统的命理数：十二个，正是以色列的部族数，也是黄道十二宫之数。这些门徒并非贵族或雅典的黄金青年，而是平民百姓："众人都希奇他的教训，因为他教训他们正像有权柄的人，不像他们的文士。"（《马太福音》七章）

柏拉图借苏格拉底发声的信条，通过神话来表达；而耶稣的教诲则利用比喻——利于记忆的简短表述。这两种模式的知识地位、有效性，及其"真假值"，一直饱受争议。我相信，天才的核心定义中，包含了创造神话与比喻的能力。这种能力实在是极为罕见。在这一点上，卡夫卡赢过莎士比亚，瓦格纳赢过莫扎特。柏拉图-苏格拉底式的神话（例如穴喻），还有耶稣所说的芥菜子与浪子比喻,也都有同样的特征。这些故事的开放结局,衍生出了无数多重的诠释可能,也使人的精神顿失平衡。即使我们似乎有所掌握,这些故事又无须任何的诠释与理解〔这正是海德格尔的真理(aletheia),正是自身通过揭发而开显的真理〕。马车夫的神话及撒种者的比喻都是言有尽而意无穷。物理学的相对论大概能处理这明显的矛盾。或许柏拉图的神话和福音书中的比喻,就其神秘的核心而言,是开显意义的隐喻。这种动力同样表现在卡夫卡那明白却又深不可测的法律比喻之中。做个类比,就像是在数学中具有完美意义的应用不确定性吧!

不过"类比"一词本身概念并不明确,并不令我们更加了解。与绝大多数人不同的是,柏拉图所谈的神话与耶稣所说的比喻,是师范与教学技艺中难解而具决定性的要素化身——我这么说是有用意的。灵魂对智性与意义的饥渴,强迫学生(也就是我们)一再回到这些文本之中。这种回返,总是令人受挫,却也总是令人浴火重生,或许能让我们更进一步了解复活的概念。我敢说,这也是个隐喻。

由于参考文献与人物脉络之间的细微差异与资料缺乏,我们几乎无法有系统地从苏格拉底的学生与助手中找出个理路;能够两相对照的福音书则明确表示出了耶稣门徒的数量。有如拜占庭的马赛克人像一样,他们平板却不朽。况且,千百年的礼拜祈祷与讲道,已赋予彼得、安得烈与迦南的西门各人的个性了。

西方的绘画与建筑怎能没有这些人物呢？他们之中有的是对耶稣不耐烦，甚至迸发暴力的人，但他们仍能被指为门徒。雅各与约翰都曾被指责，彼得也被耶稣预言不愿相认。一个想成为追随者的人被要求放弃父亲的葬礼——这使拿撒勒的耶稣与犹太教中最神圣的义务之间急遽决裂。这位大师也曾怒斥道："西门，你睡觉么？不能儆醒片时么？"（《马可福音》十四章三十七节）无眠，又再次与伟大的教学紧密相连。

我曾在其他书中（参见拙著《激情不减》，一九九六）提到《会饮篇》与最后的晚餐这故事在架构上的类似。这两者都有如同戏剧般的进出场，也都在众人齐聚的夜晚引发出政治社会的骚乱。殉教的阴影迫在眉睫，笼罩着阿伽颂的家，也笼罩着在耶路撒冷为逾越节"备置妥当的楼上大房"。这两个夜晚所发生的任何事，都大可以开设成为一门讨论课或研究专题。

这样的看法确实可能过于专注于我们主题中心里的黑暗面。非基督徒可能难以理解耶稣并无意选择犹大作为受责难者，也难以理解犹大身上的钱可作为罪证（毕竟，他是门徒中的财务委员）。直至今日，对犹太人而言，这样的结局仍骇人听闻。不过，我们或许能在犹大身上看见在整个师生关系的历史中一再出现的一种冲动。这种关系，也就是在众门徒之间的竞争关系。每个门徒都想要最受大师宠爱，成为他所拣选的接班人。没有任何巫术团体、画室、大学课程，甚至研究团队中会看不见这种渴望与嫉妒。亚西比德的热切可为这份冲动作为见证。这与两千多年后的格尔肖姆·朔勒姆[1]和雅各布·陶伯斯[2]之间的悲剧纠葛并无二致。这能导致自杀。最后的晚餐中提到了"耶稣所钟爱的"(hon egapa)那位门徒；在西方艺术中被描绘为"依偎耶稣怀中"，但他的身份始终不明。一个完人(Eine Idealgestalt)，布尔特曼这么说；他是个神秘难解的人物(figura esoterico-misterica)，是耶稣所"钟爱"，并倾吐其他门徒未曾听得话语的人选。

福音书中暗示了犹大对于师傅那份有缺陷的爱，也暗示了他想要突出的欲望，但这份欲望却只能通过如此卑劣的手段完成。他接受了这份象征将他驱逐出教的小小欢愉。这个被称为"撒旦的圣事"，与他原属的教派圣事却是天差地远。犹大被迫要眼见耶稣选择了爱另一个地位要比彼得更高（传统上认为是"约翰"）的人。犹大的失望与嫉妒萌生出了卑劣的人性。简直就是伊阿古与奥赛罗的相同戏码。半醉半自艾的亚西比德决定离开师傅并对城邦报复。加略人犹大在其他人还未真正出头的当晚(en de nux)"立即"行动。愈是想得到大师的特意挑选与宠爱，遭受拒绝时就愈难以忍受。残酷的是，这个一头红发，带着鹰钩鼻的弟子唯一留下的，只有大师当初交付给他的钱囊。

从大卫的画中看来，我们不知为何苏格拉底逝世时柏拉图并不在场；更精确地说，我们并不知道为什

---

[1] Gershom Scholem（1897—1982），犹太神秘主义者。
[2] Jacob Taubes（1923—1987），犹太宗教社会学家。

么柏拉图本人并未出现在记载苏格拉底之死的《克里同篇》之中。难道是这份悲痛过于庞大吗（苏格拉底要弟子们节哀）？大数的保罗也不敢看耶稣一眼。通过书写文字的力量，这两位高徒让他们的师傅虽死犹生。口述的教诲被出版为文字记载，成了恒久的事物。但这是以反映在精神与文字之间的冲突作为代价的。柏拉图成熟的教法和形而上学，离我们所知的苏格拉底愈来愈远；保罗将拿撒勒的耶稣变成了基督。即使在大师教训的核心之中，这种转变过程也一再地反复出现。忠诚与背叛，只有一线之隔。

二　火　雨

在这之后，两大主要潮流便彼此交缠：基督宗教与新柏拉图主义。基督宗教将会宣称柏拉图具有自然的基督精神（anima naturaliter christiana），而基督宗教的象征与超凡的抽象又常借由新柏拉图主义展现。这两者的交集，就是普罗提诺。

这位大师在罗马教了二十六年的书，在社会政治动荡不安的时期革新了柏拉图主义。就像他自己的老师安莫尼乌斯一样，普罗提诺未曾著述，但其弟子（奥古斯丁称为普罗提诺学者）则记下了老师口述的教诲。他们亲身经历了大师的绝伦魅力，经历了受普罗提诺影响的但丁在《神曲·天堂篇》中描写的那种"爱的理智光辉普照"。由阿美流士（Amelius）所记录那著名的九百本诠注已经亡佚，但普罗提诺的学说与教导仍流传至今。这位大师"仿佛羞于有此身"〔我们会发现这似乎是阿兰所谓思想大师（maître à penser）的根本原则〕。以毕达哥拉斯为其典范，他也主张禁欲主义、茹素、少眠与独身。而且同样地，受到毕达哥拉斯（有人认为还有柏拉图）的影响，普罗提诺的教法也分为两层：秘传的信条只透露给学生中的精英，公开的讲演则向普罗大众宣达。他的听众遍及遐迩，包括三个参议员、医生、一个饱学的诗人，还有一个贪婪又放高利的雄辩家。女性听众也同样受到欢迎（是受到拉比影响的保罗基督宗教才对女性设立了藩篱）。还有许多的哲学家也前来听讲。我们可以知道有哪些学生肯为了这位大师放弃全世界。

这传达出一种和谐的调和讯息。普罗提诺抨击当时的诺斯替主义[1]与其摩尼教式的宇宙观，主张灵魂向太一回归。"恶或许只是灵魂的残疾，就像有东西影响了眼睛，所以阻碍了视线。"他的另一句名言后来激发了斯宾诺莎，让斯宾诺莎告诉我们唯有认真的哲学探索才是真正的生活，而其他的一切事物"不过是玩具"罢了。但这样的和谐理想、这样的大师光照，显然会使心理极度紧绷。至少有一个学生提到这样的紧张，提到普罗提诺的弟子因为形而上冥思的无尽压力所引发的病态不安。（这种现象同样发生在维特根斯坦的学生身上。）

我们对普罗提诺的讲演与专题的了解，来自一份在西方经典中可说是独一无二的文献：普罗提诺自述，并由波菲利编辑并加入序言的生平纪传——《九章集》。将故事主角理想化的情况显而易见，这与先前的毕达哥拉斯学派或苏格拉底-柏拉图学派一样。不

---

[1] 基督宗教早期视为异端的二元论思想。

过，波菲利的著作却是无价之宝。他记载的是以对话（conversazione）方式，在"教授云集"（professorial pomp）的盛会中自由交换意见所进行的专题。大师的某些宣讲陈义甚高，在道德上或理论上显得过于苛求，使得弟子们甚至不敢请教解释。有时候，普罗提诺又像在与"他内在的精神，与那神圣的存有"对谈（可参考苏格拉底的神灵）。不过，他通常很欢迎反对意见，而且能神志清明地坚决面对。他也举办过几次纪念苏格拉底与柏拉图的餐宴——而这后来也被斯特凡·格奥尔格所诙谐模仿。普罗提诺对《会饮篇》发表演说，但他强烈谴责亚西比德沉沦于肉体的欢娱。根据朗吉努斯的说法，没有人比普罗提诺更能明析毕达哥拉斯和柏拉图的原理，而且能将这些原理转化为个人行止、对永生的信仰（尽管极为神秘），还有对人类本质的规范。普罗提诺通过这种教学方式"放射"出他的学说。普罗提诺留下了庞大的遗产。这些论述的拉丁文选辑深深影响了圣奥古斯丁；波伊提乌[1]从乔尔达诺·布鲁诺那里，以及马尔西利奥·费奇诺的佛罗伦萨新柏拉图主义之中，习得了关于普罗提诺的学说。普罗提诺的"一元论"影响了贝克莱、谢林与黑格尔；柏格森充满活力的教学，也可视为普罗提诺的门徒；斯蒂芬·马肯纳的优美译文与普罗提诺的超自然论，在叶芝身上重现。

---

[1] 古罗马哲学家、数学家。

但这位大师却有个悲剧性的结局。饱受疾病（可能是麻风病）所苦的普罗提诺隐居于坎帕尼亚，他曾一度想在此地建立柏拉图《法律篇》中的城邦，但死神却找上了遗世独立的大师。公元二六八年，皇帝加列努斯（Gallianus）与其党羽遭受谋杀，导致了恐怖统治。普罗提诺的弟子们四散奔逃（就像柏拉图在苏格拉底临终时缺席，或像是彼得不认耶稣）。在罗马，精神与智性的国度已然湮灭。普罗提诺似乎深受普里阿摩斯的灭亡所扰。有些弟子想在叙利亚延继其学。难道他们的师傅没有教他们"忧患生哲思"吗？德尔斐的神谕曾宣示苏格拉底的智慧；而今，阿波罗则对波菲利吟唱出"一首不朽名曲"，以纪念"仁慈的朋友，普罗提诺……沉眠闭不了你的双眼……而你已见过许多为智慧劳碌之人未曾得见的美景"。普罗提诺的"神圣灵魂已远别这苦海浮生"。

扬布里科斯则告别了这群人。他无法接受普罗提诺对柏拉图的解读中所潜含的理性主义。他倾向于神秘教义。然而，其《毕达哥拉斯传》（*De vita Pythagorica liber*）所描写的教学，却极近似他自己与其恩师之间的情形。扬布里科斯的弟子与他同住一起，或是住在附近；他们每天与他见面，并共同进餐。他们仔细研究并讨论柏拉图与亚里士多德的文章。即使带有浓厚的秘术气氛与八百年前毕达哥拉斯式的奥秘风韵，扬布里科斯的教学方法仍是哲学式的。如受天启般地，他为内在思辨提出辩护，对抗基督教会的教条主义。我们可以说，在公元三、四世纪时的惨况之中，孕育出了影响至今的哲学方法。

同样地，奥古斯丁也以其内省力量反抗威权。难道令人敬畏的米兰的安布罗斯不是他的导师吗？但这在《论教师》（*De magistro*）中却成了无比重担。参与这特别对话的人，是奥古斯丁的儿子阿德奥达图斯（Adeotatus）。这本书写于公元三八八至三九一年；而这在《忏悔录》中对其天分赞誉有加的男孩却死于公元三八九年，其时年方十七。我们现今所读的文本，除了着重从肉体向精神的过渡（per corporalia ad incorporalia）之外，同时也兼具纪念作用（in memoriam）。奥古斯丁的中心理论是柏拉图式的。灵魂与理智必须经过"锻炼"才能使其儆醒，进而了解永恒的启示真理。要迈向这种理解，不可或缺的第一步，就是符号学，也就是研究"象征"的学问。不借由象征，就无以掌握意义；但就其本身而言，象征"并不教导什么"。这悖论迫使奥古斯丁建构出"内在导师"；这唯一的"真理导师"，也就是基督。

奥古斯丁时常从《圣经》中引述，尤其常引圣保罗的文句；但对语意的论证则主要取自西塞罗与其他罗马文法学者。这些都涵盖在更大主题的哲学对话中，都涵盖在对象征与其意义的阐明中，而其关键就是内在光照的基督宗教化柏拉图主义。借由这种"特殊的精神光照"，奥古斯丁修正并超越了《美诺篇》。在此，以普罗提诺为媒介所表现的柏拉图主义是间接的。然而，奥利金[1]与安布罗斯已经引述过《马太福音》二十三章十节："有一位是你们的师尊，就是基督。"奥古斯丁想要将这原则应用在思想的沟通及教育（paideia）的交流上。因此，尽管视其为工具，他对语意意义的界限与其谜团确实有着空前的关切。而教学如何可能呢？

在《忏悔录》第九卷，奥古斯丁以一个教导辞令与雄辩技巧的老师的方式回首过往。但这段过去，不过是个"嚣讼市集"罢了。这已被重新省思。任何有价值的教学（magisterium），都蕴涵一种三角关系；在其顶端，同时也是在其底基的，是永恒不变的神圣真理。正如同奥古斯丁在《布道辞》中所总结的："我们能说，但只有神才真正施教。"（杰拉德·曼利·霍普金斯回顾了这项区分）。基督的道成肉身具有宗教上的教育意义："唯一的内在导师外显其自身，以召唤我们由外返内。"在柏拉图中近乎神话诗一般的超越抽象，在此化为实际了。象征与其预示及传达预示的惊人能力，立即关联到活生生的"圣言"，关联到"道"，也就是约翰所说的基督。我们已从文法及文法学进入到哲学的神学。我们大可以说，对奥古斯丁而言，语言事实上即是"象征语言"。维特根斯坦建立的实指定义（ostensible definition）模型，或许是奥古斯丁的影响。但奥古斯丁明察自我指涉的悖论（paradox of self-

---

[1] Origen（185—254），希腊哲学家、神学家，新柏拉图主义者。

reference），亦即象征只是在一个无缺陷的诠释循环中指向自己：它即是它所指（quae tamen cum etiam ipsa signum sit）。通过文字，我们除了文字之外学无所得（verbis igitur nisi verba non discimus）。解构主义与后现代主义其实就是无信仰的奥古斯丁学派。

和现代语言学中的移位衍生语法理论一样，奥古斯丁也认为语意能力是内在的。但这种内在性并不是生理的，信仰必须优先于文法与理解的意义。天主圣言，也就是基督，可以说"住"在人的心里，虽然只有通过恩典才得以开显。个人能力的不同会区分并决定理智洞察的范围。但通过"一种神秘而简明的观照"（secreto ac simplici oculo），聆听者终究能获致理解与认同。在这过程中，大师的指导是种催化剂；但就像在《美诺篇》中一样，了解必须来自学生的积极沉思。探问，能认识到先于经验的知识与竞争。真正的学生就是真理的学生（discipuli veritatis）。那么错误与失误又如何可能？骗子与诈欺者又是如何操弄？错误源于语意的可能犯错，通过论述中隐匿与歧异的倾向所致。语言行为中固有的这种模棱两可一直困扰着奥古斯丁，并使他写出许多最精辟的分析。

聆听师训，学生通过内在光照所提供的理解力量，思考人的真实内在（pro viribus intuentes）的课题。然而，就某种意义而言，学生们却太常赞美他们的师傅，而不是赞美他们自己（non se doctores potius laudare, quam doctos）。学习过程的直接，和自明之理的闪现，蒙蔽了这现象的神秘起源与复杂。这一切的有效性都来自超越界,因为只有一位真正的导师:就是那在天上的唯一主宰(quod unus omnium magister in caelis sit)(霍普金斯说基督是"唯一真正的评论家")。教育只是我们的能力,是我们投向他的意愿。没有这些,学说与教训只是诡辩。因此,柏拉图所说苏格拉底的助产式教学法,是预期了基督宗教教育的譬喻。圣保罗在哥林多遇见的那"不知名的神"早就有所影响了。

这个由个人境遇形塑的模型,来自几近绝望的经验。就像之后的帕斯卡尔一样,奥古斯丁也深为相对主义,以及所有辞令的不确定性所困扰,尽管这些"辞令"与引导策略,甚至在某种程度上而言,与立意最为良善的教学是不可分割的。奥古斯丁曾体会过具魅力者最尖锐的欺骗。他对诱惑极为敏锐。"留心伟大的老师",终身教授也不总是能被无条件地信赖。

我们可以说,莎士比亚所拥有的丰富经验无人能比。有什么生意、什么行当或职业——举凡医生、律师、债主、士兵、水手、算命师、妓女、神父修女、政客、木工、音乐家、罪犯、圣人、农夫、小贩、君王等等——能逃过他的观察?难怪有些闲书说莎士比亚不知为何地熟悉政治事务,熟悉外交,还熟悉战事。世间又有什么人事在他的洞察之外呢?他就是世界的总和。而就我们所知,关于我们的主题,亦即师生关系,莎士比亚的描写也是细大无遗。

在《爱的徒劳》一剧中出现的霍罗福尼斯，是个源自罗马喜剧的人物；他所表现的是常被挖苦的迂腐。对波洛涅斯充满格言警句的教导主义的处理，则暗藏（令人尴尬的）恨意。而莎士比亚最注意处理师生关系的人物，非普洛斯彼罗莫属。凯列班要接受严厉的训育，而严肃的父爱则造就了米兰达所受的教育。但这些都不是故事主题。不过，我猜或许可以借由这疏漏之处，一探莎士比亚错综复杂的感性核心。就像马修·阿诺德说的："我们一问再问。"

要说莎士比亚有无比的才能，可以凭空直接掌握一些可能极专精的技术性题材，未免过于老套。一些偶然的线索、一些偶然表达出的语言或手势，展开了在连串人物间的联系，以及在一致的隐喻之中的洞察与理解。大张语言这张渔网，收回来的将是"无限的多样性"。在师生关系的戏剧经典的缺陷中，就像莎士比亚所熟读的《圣经》与普鲁塔克一样，是否有一种自修的普救论者在潜意识中对官方威权主张的指责？我们在蒙田身上也看到类似的映照。这与刺激本·琼森、乔治·查普曼，以及克里斯托弗·马洛等人对正式教育的渴望，形成了强烈对比。

而且，《十四行诗》中表露出自修的过程，表露出对一颗如此热情、如此敏感而有创见又骚动不休的心灵的训练；而这使学校教育对他而言显得琐碎而多余。还有谁能够"教导"莎士比亚关于人类良心的真理与虚假？

这些猜测要是说有任何价值，应该归功于对莎士比亚的不可知论，以及对忽视他自己的一切信条的争议（这种真空的情形倒是惹火了像是威尔第与维特根斯坦这样的读者）。高度的隐私隔绝了对莎士比亚自身信念的刺探：

> 而你，星辰与日光所知者，
> 自修、自省、自荣、自卫，
> 踩在无疑的土地上——最好如此！

或许阿诺德说得对，莎士比亚与但丁之间的差异以此为最。

《神曲》有许多方式解读，但都不完整。有一种读法，是将之视为谈论学习的史诗加以分析。借由逐步了解，我们可发现这位巧思与其戏剧性唯有柏拉图可比拟的智才，这漂泊的灵魂，从最黑暗的混乱之中逐步攀升到人类悟性的极限，亦即语言的极限。从各方面来说，但丁都充满了"学究气"：他受过完整的学术教育，学识过人；即使是最热情的部分，他的感情仍是概念化的；他对神话与修辞的天分，来自逻辑、辩论及分析的技巧。从《新生》开始，但丁感觉着思想，也思考着感觉。

在《神曲》中的跃动与精神活动（moto spirituale），也是属于教育的。诗在展读中进行了指导，这种方式在后来的课程与大师的课堂中经常采用。老师与学生是这趟旅程的基本要素。终极的自我导师（mio maestro）是那难以接近的神。但就像在切线几何——但丁自己的比喻——或在微分的计算一样，我们的理解会愈来愈逼近中心点。后来"为灵魂歌唱的大师"（引用叶芝的话）教导、孕育、改正、训练，并赞扬这位学生。没有什么教授的方式、教导的方法、正式与典型的学校教育形态，是但丁未曾探索过的。"教导"就表示"引导前进"，即使要通过地狱的花园亦然（诅咒乃是幼稚的一种面貌）。

当然，这些话前人都提过了；但其中的奥妙仍值得一提再提。

但丁本人是个明星学生：他是西西里学派的学生，是普罗旺斯吟游诗人的学生，也是当时大师方家，例如圭尼采里与卡瓦尔坎蒂的学生。他在学术上钻研阿奎那与亚里士多德以获得文凭。维吉尔早建立了不可思议的预言者地位。在他第四篇短诗中，借着天赐的灵感，岂不是预言了基督的诞生吗？他难道不是预言了〔"我们最大的女神"（nostra maggior musa）〕罗马在教皇统治下命定的荣光吗？但丁激烈而坚定的笔法，让这位《埃涅阿斯纪》的作者成了旅人的向导与父亲般形象的典范。在这师生间刻意选择的相伴，成了这趟旅途的轴线。他们互动的密度以及有意无意间的分享如此频繁，任何够分量的文章都会认为《地狱篇》与《炼狱篇》几乎可以说是对维吉尔逐字逐句的重读。这个学生在一开头就表明了："你是我的老师，是我的模范（Tu se' lo mio maestro e 'l mio autore）。"几世纪后，一位身兼柏拉图式的绝对论者与但丁的热情拥护者，皮埃尔·布唐（Pierre Boutang）身陷囹圄时写信给夏尔·莫拉斯，说道："我亲爱的老师，吾师，这美丽的词汇只有在我与您的关系中才是彻底的真实。"《神曲》正是对这密切关系的详细剖析。这部著作，比任何后来的作品更能称得上是部教育小说（Bildungsroman）。它详明内在于所有师生关系中的哀伤，深明在最是欢迎、最是忠诚（onore e lume）的光辉照耀处，却有着背叛的阴影。

诚如曼德尔施塔姆在《神曲》的精妙评注中所言，但丁深信命理之说。他这倾向可一一列举：在《地狱篇》中对维吉尔有九十次的引述，在《炼狱篇》中只有三十四次，在《天堂篇》中则只有十三次。这之间的渐次缩减（diminuendo），显示出这学生对师傅的依赖，以及《埃涅阿斯纪》对《神曲》的影响逐渐消退（这两种消退是相称的。）在《地狱篇》中，对维吉尔的直接翻译出现七次，在《炼狱篇》中有五次，在《天堂篇》中则只有一次。相对来看，《圣经》的译文在老家——天堂——中出现十二次，在《炼狱篇》中出现八次，而《地狱篇》中只出现一次。更有甚者，在《天堂篇》第八篇与第九篇中暗指《埃涅阿斯纪》时语带阴损。非基督徒的师傅已经不再受到欢迎了。

这"《神曲》中的悲剧"，套用罗伯特·霍兰德的话，始于《地狱篇》第一篇。维吉尔终究无法获得救赎是受到了刻意安排。这项事实或许能被充满信赖的赞颂遮掩，却始终无法取消："他拉了我的手，脸上露着笑容，使我心里好过了些，他引领我进入幽冥之国。"自始至终，这位饱受惊吓的无知旅人，如同小孩般，总是求助于他的师傅——"我转向所有智慧之海求助"（io mi volsi al mar di tutto 'l senno）。但在《地狱篇》第九篇中，当天使现身拯救这对师徒于魔鬼的危害之时，已可见美玉之瑕。卢坎在《法尔萨利亚》（*Pharsalia*，一称《内战记》）中对亡灵与妖怪的召唤，巧妙地点出了维吉尔的界限。基督"打破"了时空，但尽管维吉尔备受尊崇，他在《埃涅阿斯纪》落入冥界或在但丁的诗作中担任向导，却都不是基督的安排。然而就在第十二篇中，忒修斯与海格力斯象征着基督胜战的预示。但丁就是不肯让我们轻松面对。

第一个冲突出现在第十三篇四十六至五十一行。这可是个重大挑战：在《埃涅阿斯纪》中提及的人物可以受到多大信赖？这问题在中世纪古典主义的一个阶段曾被提出讨论，当时维吉尔的名言有着神谕般的可信度。而这一说法是将错综复杂的连串辩证予以简化。但丁追问，究竟虚构故事（fiction）本身是什么，是"外表上似乎是伪造的真理"（第十六篇一二四行）吗？但丁坚称，《神曲》是部"真正的编撰"。在"真小说"与"假道理"之间，现在必须要做出重大区别。在虚构之中的真理，就如同《神曲》中的一样，通过对基督再临的想象与看法所产生对于复活的体认，是能被认可的。第二十篇中——有谁可做出比但丁更尖锐的哲学批判吗？——当我们在下层地狱里初次遇见四位拉丁大师时，但丁区分了神话与谎言的层次。斯塔提乌斯、奥维德、卢坎，以及维吉尔本人都是天才洋溢的诗人；但他们都是"无福的预言者"，也因此被指为彻底虚假。没有任何变形能够比质变来得彻底。

接踵而来的，是文学中最强悍的评议。在地狱中直接面对基督的确证，维吉尔修改了在《埃涅阿斯纪》中曼托的预言。伟大的大师痛承错误并修正了他自己的作品。在纪德《背德者》中那死板无趣的戏码之前，有什么其他的例子吗？在我们当今的解构主义看来又是如何？此例一开，这位学生对他敬爱的老师所表现的顺从就转变为了质疑。

《炼狱篇》发展出对于名声（fama），对于大师在《地狱篇》第二十四篇中所肯定的超越死亡的世俗荣耀做出了深刻批判。这场告别的高度戏剧性，事实上贯串了六十四篇诗篇。维吉尔虽然劝斯塔提乌斯改信基督宗教，虽然在其《第四短歌集》中预报了佳音，却仍然抗拒着救赎者的法律（ribellante a la sua legge）。在《地狱篇》第九篇，他怀疑贝阿特丽采的神圣托付与护卫之责。这旅人弟子所直觉到的，是自己所洞察的师傅内在的诡秘心绪（faillimento）。后来的克尔凯郭尔也一样，认为美感有其界限。恩典，就神学的理解而言，能产生从形式之美（例如《埃涅阿斯纪》）朝向神圣的爱之间的过渡。在《神曲》的编剧中，有四个异教徒可以获得救赎：炼狱中的斯塔提乌斯及加图，还有天堂中的图拉真与里佩乌斯[1]。中世纪的神话艺术或许能让但丁有充分能力"拯救"维吉尔，但是这学生选择放逐他"最亲爱的父亲"（dolicissime patre）——这是在整部诗作中唯一一次最高赞誉——到那"犯下古老错误的古人"（le genti antiche ne l'antico errore）之中。维吉尔未曾听过圣言的只字片语，悲叹自己受这"永恒流放之谪"。但丁的毫不退让使他的许多优秀读者感到困惑，甚至愤慨。这是多么令人难以理解的反叛呀（我们不妨用心理分析的说法来说，这是种"俄狄浦斯的复仇"）？

不管动机为何，这告别的举动将《神曲》中的文学感伤升到了最高的一阶。没有任何告别能超越《炼狱篇》第三十篇所表现出的高超技巧与真情实感。而我们的旅人为了新老师贝阿特丽采的来临而颤抖，因此又再次向《埃涅阿斯纪》求助。但他确认到自己的"旧时情火"，这里他引用了维吉尔的原话，就像狄多想起了她先前对希凯斯的爱一样。另外唯一一个但丁引述"原话"的作者是上帝。个人的引述可说是近于个人的教养。《神曲》脱离不了《埃涅阿斯纪》（圣保罗也引用欧里庇得斯的话），但必须改正之。为了宣扬基督徒祈祷的功效，贝阿特丽采有意误引了《埃涅阿斯纪》第六卷中表示绝望的名言。绝望与基督宗

---

[1] 均见《神曲·天堂篇》第二十章。

教信仰恰恰相背反。维吉尔知道怎么"启明"(facere luce),但贝阿特丽采就是那光明。

在这学生真正向师傅的告别声中,回荡着维吉尔的《田园诗》。学者们现在相信但丁知道这部著作。俄耳甫斯向欧律狄刻的告别,现在重现在我们的旅人对其向导的告别中。这位旅人因为明白师傅必须像欧律狄刻一样返回黑暗之中而啜泣。哀伤是合理而必须的。启示取代了创造(poiesis)。现在,这学生必须毕业,要接受更高的教育,要迎接属于《圣经》的那位"我们最大的女神"。

时至今日,只有古典文学学者与中世纪专家才知道斯塔提乌斯。对但丁与他同时的人,这位生活在第一世纪,紧接着维吉尔与奥维德而先于卢坎的诗人,是必读的经典名家。他的《底比斯战纪》与《阿基里斯纪》使底比斯与特洛伊的事迹在西方广为流传。加图能得到救赎的原因是为他人而牺牲,图拉真皇帝则是因为其正义统治受到教宗格里高利的祈祷而能离开地狱。在罗马人的祖先特洛伊人之中,里佩乌斯是"最正直的"。但丁为什么选择斯塔提乌斯接受基督宗教信仰,至今仍不清楚而且备受争论。在《炼狱篇》中,斯塔提乌斯自己认为是在读了《埃涅阿斯纪》的诗句后才痛悔前非,得以重生。尤其第四篇短诗更将他引向基督:"因为你,我成为诗人;因为你,我成为基督徒。"诗与信仰结合为一:"我在诗中写到希腊人进兵到底比斯的河流之前,我已接受了洗礼。"但由于对图密善迫害的恐惧，使斯塔提乌斯隐藏了他的信仰。他由此开始登上了炼狱山。

我们在《炼狱篇》第二十一篇开头，可以见到这对师徒就像是走在早期传道使徒前往以马忤斯的路上。此时，斯塔提乌斯的身影可比附为基督的出现。接着，他行礼如仪："噢，我的兄弟们，上帝给你们平安。"尽管不无嘲讽，古斯塔夫·库尔贝的画作《相逢》重现了这窘态毕现的一刻。不无哀戚地，维吉尔自谦是由"传递理解的平静"中"受到放逐"的人。但对斯塔提乌斯而言，他极为景仰他这位师傅，不断地谈着《埃涅阿斯纪》。我们的旅人自豪地向斯塔提乌斯揭出他这位向导的身份。就文学而言，但丁认为斯塔提乌斯和自己都算是维吉尔的门下弟子。他通过斯塔提乌斯之口，对维吉尔的诗艺做出了综评。我们在此可看到一个"把虚影当作实像"的诗人。而让虚影化成实像，则显然是但丁自己无比卓越的技巧。

尽管维吉尔在宗教上注定败灭，但与斯塔提乌斯在开启这场告别的相遇之时，却再度攀上了谕示诗的巅峰。这位大师帮助他的学生前往那自己无法进入的光明之中。据说斯塔提乌斯在撰写《底比斯战纪》最后三卷时，已经私下成了基督徒；但他这部浮夸的作品，在诗艺上无法与《埃涅阿斯纪》相提并论；然而，在救赎与人类灵魂的训育的脚步上，《底比斯战纪》则胜过了《埃涅阿斯纪》。斯塔提乌斯的出现揭示了随之即来，由贝阿特丽采带领的启示旅程。

要从这本书中挑出最能够彰显我们主题的段落，但丁《神曲·地狱篇》的第十五篇是不二选择。我们的旅人与布鲁内托·拉蒂尼的相遇，一直受到分析讨论。但真正核心的问题始终悬而未决。但丁是从什么角度将自己视为这佛罗伦萨的政治家、文法学者、演说家的弟子呢？而布鲁内托又是犯了什么罪，要受这"火雨"的折磨？有个顶尖的法国学者花了许多年，辩称布鲁内托的罪来自他的《宝库全书》是以法文而非以托斯卡纳文（即意大利文）或拉丁文出版。这个说法顿时令我感到茅塞顿开。

线索非常明显。薄伽丘后来的评注〔教而后奸（pedagogus ergo sodomiticus）〕，直接指明了这部著作的一贯主题：师傅与弟子之间的同性爱欲。但丁形容布鲁内托仓皇离去，有如得到锦标（palio）的维罗纳竞走，与男性之美与同性性爱密切结合，正如同绿色缎带与优胜者的紧密关系一般。但无论布鲁内托所犯的罪愆为何，我们的旅人对他却是毕恭毕敬。"是您"（siete voi）与"先生"（ser）都明白表示其敬意。这学生向这位"我的老师"（lo mio maestro）俯下头来，因为他从这位老师身上学到最重要的一课：

一次又一次
您训导我要成为一个不朽的人

这样极端简明的话语实在无可翻译。寥寥数语，但丁已为教育（paideia）做出了界说。他这话告诉我们真正教学的目的为何，还有艺术、哲学、思辨的目标究竟是什么。这是亘古恒新之理；而其关键在于"不朽"（s'etterna）。艾略特·诺顿说："您教会了我人怎么使自己不朽。"这确实是标准的译述，但却忽略了原文中展露的重点。法文中有"使其不朽"（s'éterniser）这个动词。伟大的教导与教育能使人的灵魂在美感、哲学，以及智性上，追求不仅属于个人，更是属于全人类的"不朽"。这学生何其幸运，他的师傅已为他点明了人类生命的意义。然而，如此的自负并不恰当。布鲁内托的身影，伴随着一群"优秀的牧师和知名文人"。我们稍后会再次提到这些人犯下的"背叛圣职"之罪。

故事结局的魔法成了种关系的基准。即使跑进燃烧的黑暗之中，布鲁内托先生看来仍有如得胜一般："不像失败者"（non colui che perde）。诗与学术讨论的"永恒"，在另一种永恒的诅咒中闪耀着。这两者的关联有多深？但丁之于布鲁内托，就像普洛斯彼罗对爱丽儿（正如 T. S. 艾略特之语："没有第三者"）所说的话：

> 我的爱丽儿——妞儿，
> 这是托付你的事：向那大气去吧，
> 要自由，别了……

费尔南多·佩索阿与鬼魂相处显得十分自在。它们争先恐后地进入他鬼影幢幢的里斯本。就像但丁一样，佩索阿也能让虚影显出分量。他也从此衍生出对自己的四层剖析。佩索阿召唤出来的四个诗人各有其声音、观念与说话方式。这些幽魂也构出了虚幻的传记与参考书目，它们在佩索阿这个"神秘分享者"的"自我流放"中彼此注意、怀疑与吸引。同形异义的人名远远超越了以假名来转喻的做法。阿尔瓦罗·德·冈波斯、里卡多·雷耶斯、阿尔贝托·卡埃罗，以及既是也不是佩索阿本人的"佩索阿"，佩索阿的天才以同时欢愉却又忧郁的手法，分成这四部分呈现了出来。它们的面具深藏在表面以下。在这文学上独一无二的神奇作品中，师生关系显得特别突出。

雷耶斯与冈波斯两人水火不容，却都宣称自己是卡埃罗的学生。经过二十几年后，佩索阿计划要出版卡埃罗的诗集，并由里卡多做序言——里卡多后来成了若泽·萨拉马戈的小说主角，而这部小说是佩索阿作品的三重反映。这本书以冈波斯的《纪念吾师卡埃罗》作结。佩索阿建立的新里斯本学派，由身兼翻译家与散文家的克罗斯在英语世界中打开了出版市场。

冈波斯初次与卡埃罗的偶遇，在德文中可称之为"显耀的一刻"（eine Sternstunde）。柏拉图式的倾向犹在：卡埃罗表现出"一种奇怪的希腊气息，是一种发自内在的平静，那双蓝色的眼珠不停凝望，他口中的话语是最后才教人注意到的，仿佛言说远远比不上这人自身的存在，他脸上挂着的微笑是只有我们在诗里赞誉那赏心悦目之物的美丽才可形容——像那花朵、草原，还有阳光下的清水。那是为了存在，而不是为了跟我们交谈的微笑。"但不幸之事紧接而来："我的老师，我的老师，如此英年早逝！我只有在这自我的虚影，在我已死去的自己的记忆之中才能再次与他相见。"当他听到这位大师的第一句格言——"万事万物皆与我们不同，而这就是万物存在的理由"——他立即体会到一种"惊天动地的震撼"。他受到了诱惑，但这诱惑给了他"前所未有的纯净"（杂糅了奥秘与讽刺是佩索阿的特色）。

卡埃罗过着无忧无虑的异教徒生活。他的弟子偶尔会记录类似"仿佛不是在与另一个人争论，而是与另一个宇宙争论"的强烈感受。但对大师而言，他本人不过是"自我感觉的统一"而已。学生永远无法克服"在我灵魂之内产生的话语所带来的震撼"，却仍将此当作出于无心却能光照万物的阳光一般。比起活在实际世界而言，更像是活在观念中的费尔南多·佩索阿也参与了这场"对话"（conversazione）。他尝试将卡埃罗的客体不可知论归为某种个人的康德主义，却徒劳无功。他努力的成果倒是指出了学生身份的核心：

> 这场对话镌刻在我的灵魂之中，我将以我认为最简洁的方式重现，尽管这说来一点也不简洁。我的记忆鲜明而生动，而这显然是种疯狂的特征。这场对话有个重要的结果；也就是，其本身与所

有的对话一样不合理，而且我们很容易以严格的逻辑证明，只有完全保持沉默的两人才不会相互反驳。卡埃罗总是给予肯定与答复，这使得任何聪明人都可以将互相矛盾的思想体系视为等同。不过，尽管我如此承认，我还是不相信这之中有任何冲突。吾师卡埃罗理所当然是对的，即便是他犯错之处亦然。

冈波斯对信仰的专长，让他洞察了并非人人都能与大师"长相左右"。只有特殊少数，才能够前往明知会改变他们的罗马。"次等人没有老师，因为他们没有老师能发挥专长之处"。受到洗脑与否，可以区分出人格是否坚定。这些人物经历过大师的介入，仍能保持自己的个性；每个人都是独特的：通过卡埃罗，里卡多·雷耶斯成了"生机上的诗人"，这变化甚至能令他改变性别！"与所有坚强的人一样优柔寡断"的安东尼欧·莫拉（António Mora）则得到了灵魂，甚至在卡埃罗不知道的情形下，还拥有了创见与思辨这些惊世之举。而阿尔瓦罗·德·冈波斯的境遇则是最具发展性的："从那时起，无论是好是坏，我成了我自己。"

最令人感到困扰的，就是佩索阿对"佩索阿"的安排了。在一九一四年三月八日遇见卡埃罗，听他吟诵他自己的诗句，佩索阿冲回家一口气写出六首诗。这股狂热简直就是"他与生俱来的"（这评论中有着对创作的完整剖析）。然而，这无疑是他在初次见到、听到这位大师的那一刹那所产生的精神震撼所作。对学生身份的剖析,产生了由卡埃罗所激发出来的优异表现,而这完完全全是属于"佩索阿的"。因此"这名副其实的灵魂印照",也是对学生身份一种难以理解的摹写。"吾师卡埃罗万岁!"

书中所表达的讽刺是沉默而全面的。佩索阿曾经探究过神秘教派——包括星象学、通神论、新异端教派、卡巴拉奥秘教派、玫瑰十字会等等——而这些教派都在世纪交替时如雨后春笋般冒出。像叶芝、斯特凡·格奥尔格、乔治·巴塔耶,以及超现实主义等人一样,他深受这些秘密团体的吸引。但他仍对他自己所迷恋的这对象感到强烈怀疑,著名的苦笑揭穿了他自己。令这位孤独的魔法师感到痛苦的,是对于对话的渴望,是对于苏格拉底一脉共同分享感情与智慧的渴望。这激发他动人心弦的温柔,以及对师生关系的分析的嘲讽性感伤。这些都将再次出现在费尔南多·佩索阿的经典作品《浮士德》里头。

音乐与艺术史上,无论在画室或作坊的课程都是工具性的。这可回溯到古代,而且产生了它们自己的二手研究与传说。绘画、版画,经常是对学院或音乐学校中的生活课程与音乐课程的挖苦与嘲讽。对巴尔扎克、左拉、杜·莫里耶,以及托马斯·曼来说都是如此。有许多超乎我们能觉的古典艺术作品,其实是集体共同创作;有许多助手帮了大师的忙。描述学徒生活与歌唱训练的喜剧，要以柏辽兹的《切利尼》与瓦格纳的《名歌手》的描写最为耀眼。所有我们期待的一切——着迷般的忠实、相互竞争、颠覆与背叛等等——尽可一览无遗。

在文学中的例子就比较不清楚。整个古代世界都曾教导修辞，亦即作诗的技巧；雄辩术的教学在罗马、在亚历山大港、在塞内加的出生地西班牙都盛极一时；在拜占庭，学习文学表示出一个人的"学识"。但对照于画家的画室或音乐教室，情况则大相径庭。将想象力的要素与情感表达转译为文字的训练，甚少是有形式可循的，这要到文学史的晚期才出现。教学指引与咨询顾问，更是偶然的少数。这些都要靠个人魅力，以及多少靠专业分工的社会环境：本·琼森的"剧团"经营很受称道，德莱顿对经营咖啡厅很有一套，约翰逊博士在经营俱乐部方面是权威，马拉美则精于茶馆经营。真正的指导教学难见于册。可信资料只能回溯到十九世纪晚期。师学出现于文学创作，要从福楼拜对年轻的莫泊桑的影响才开始蓬勃发展。

莫泊桑的师从，与福楼拜在一八七一年普法战争后对孤独与忧郁的挣扎不无关系。在福楼拜的指导之下，莫泊桑开始写起散文。莫泊桑曾说过他在一八七〇年代中期受到了密集指导，师从于"无书不读的师傅"。他极其详尽地评述这段经历。芝麻小事与主要梗概交错并陈："即使是最细微的小事，也有我们所不知道的。我们必须发现它。要描述燃烧的炽焰或原野中的树木，我们必须耐心以待，直到这棵树或这片火焰对我们而言，已与其他所有的树木或火焰毫无一丝雷同为止。"没有两把沙子是完全相同的。"无论你想要说什么，只有一个词可以充分表达，只有一个动词能够使其活动，只有一个形容词能够对其衡量。"他受教于福楼拜，文风极尽详细之能事。他在一八七六年七月二十三日写道："决心使自己成为艺术家的人，就没有了与其他人过相同生活的权利。"福楼拜的教学，就像弗朗西斯·斯蒂格马勒[1]所说的："是孕育天才的温室与温床。"相对地，福楼拜在撰写《布瓦尔与佩库歇》这部嘲讽小说时，却需要他徒弟的帮助。

他们在一八六七年九月相遇。福楼拜在骤逝之前不久突然有了顿悟。而这是我们深入研究的重要时机。莫泊桑送了他一本《羊脂球》，福楼拜立即肯定这部作品："这是本好书。（Cela est d'un maître.）"在句中直呼"你"，这无疑是不自觉流露出的亲密表示，并非受于胁迫。这祝福是坚决的："不！真的，我心满意足了！"仿佛知道死亡即将到来，福楼拜执起教鞭说道："你确实有理由爱我，因为你的老头我也珍爱着你。（Tu as raison de m'aimer, car ton vieux te chérit.）"莫泊桑在一八八〇年五月二十五日，福楼拜死后不久，写给屠格涅夫的信中提到他这师傅的不断临在，他的语声仍不绝于耳。

---

[1] Francis Steegmuller（1906—1994），美国的福楼拜专家，翻译了福楼拜的书信集。

福楼拜毫不妥协的管教（maîtrise）成了在埃兹拉·庞德对 T. S. 艾略特的教学，以及在格特鲁德·斯泰因对海明威的短暂指导中的共同典范。但由于美国对有着所有人都同样具有天赋，以及对启发性的教学能力的信念，使得这些个人指导转变成为制度。在二十世纪三十年代晚期，保罗·恩格尔在爱荷华大学开始了他的"作家工作坊"。"创意写作"课程、专题讨论、暑期学校，以及在家教育计划等等，尽管仍以英美为主流，现今都已经成了国际性的产业。但出现的问题却愈来愈棘手。什么叫作"没创意写作"？学校教育值得为了创作有价值的诗、小说或戏剧的共同企图而开设课程吗？奥登是首先对不依靠老师的学习，以及对这种形式上与心理上的巧妙骗局所可能造成的危害提出警告的人之一。艺术或音乐作品的可测量、"可检验的"判准对写作而言并不适用，或者只能适用在最肤浅的层次。老实说来，创意写作课程是种对寂寞的镇定剂，是让这些人从他人口中听到自己的声音的机会。对于开启市场的出版策略在这些课程中也得以传授。

不可避免地，创意写作课程也会产生讨厌的后果。"政治正确"的混乱可当作是种阴郁或可笑的证明。没有比在校园中卖艺维生的老师与学生之间更能兴起爱欲激情的教育类型了。在批评者的严密审视下，连个人的性幻想都不免要赤裸裸地呈现。而性爱，现在被政治化约为"性骚扰"，又怎能被排除在外？亚西比德对苏格拉底如此,埃罗伊兹对阿伯拉尔如此,米开朗基罗对卡瓦列里如此,汉娜·阿伦特对海德格尔的关系也是如此。菲利普·罗斯在《垂死的肉身》中展现了他美式的尖酸特色。最后,或许教导主义也是每个作家的命运。E. M. 福斯特对同性爱欲的"唯一联结"则表现得较为审慎,但也毫不含蓄。在乔伊斯·卡罗尔·欧茨的《教师》中,这份系绊则变得致命。

我们竟已从布鲁内托先生的彬彬有礼(cortesia)走了这么远啊。

三　万世师表

　　克里斯托弗·马洛的抑扬诗为抽象观念积蓄了强大的电力。浮士德在神学与形而上学命题所表现出的紧张不安，并不亚于对帖木儿帝国的吹捧，或是犹太人巴拉巴疯狂的恶毒。马洛令人目眩神迷的智才，在当时可说冠绝群伦。迈克尔·德雷顿说他"自身中有美丽的幻想"。许久之后，柯尔律治称他是伊丽莎白时期剧作家中"最有思想与哲学之人"。马洛和弥尔顿与乔治·艾略特都是在伟大作家中最具学究气，对学习最抱热情的了。马洛在剑桥读了六年半，当时正是神学与知识论争议最热烈的时期，引经据典仿佛成了他作品的第二天性。在《浮士德博士》开头的独白中，他引用了亚里士多德、查士丁尼、圣哲罗姆的话，后来又引用罗杰·培根与阿尔贝图斯·马格努斯（Albertus Magnus）。他又以极其尖酸的嘲讽方式，引用奥维德在《爱》（Amores）中的句子来描述浮士德对时光飞逝的恐惧；连墓志铭也引用了托马斯·丘奇亚德（Thomas Churchyard）著名的诗篇《萧尔之妻》："曲枝莫使直。"马洛和雪莱都是杰出的希腊学者，但他比雪莱更精于奥古斯都的名言警句与教父时期的拉丁文。他对天文学的立场模棱两可，微妙地处在托勒密与哥白尼之间。他对典故的巧妙运用，以及明智的修辞与格言，都可说是出神入化。大概也只有他，能在思辨与技术性的论述中充满激烈冲撞能量；可堪相比的多恩则多少显得干枯无味。

那是幸运的时刻。中世纪晚期的世界地图还在变动，还在文艺复兴为现代开启的序幕之中。没有任何时期比十六世纪晚期到十七世纪初期更能称得上"百家争鸣"，更充满辩证的紧张气氛。传统信仰与宗教改革再次遇上了潜在的无神论（马洛属于雷利的暮夜教派[1]，"无神论学群"），占星学与天文学相互掺杂，泥占术与初期矿物学纠结难分，炼金术孕育出了化学，对镜子与磁体的研究衍生自亡灵巫术，在黑魔法与白魔术之间出现了灰色的实验地带，隐逸教派（hermeticism）与犹太教神秘教义（Kabbalah）则激发了数学研究。我们怎能在约翰·迪（John Dee）、托马斯·哈里奥特等雷利一派的大师著作中，将神秘教义与系统科学的论述区分开来？

这种紧张情势在大学里更加炽盛。想想在博洛尼亚中世纪艺术博物馆演讲厅中的肖像研究与专题讨论即可明白。描写学院的戏剧与喜剧都极为明了，对课堂上昏昏欲睡的学生的刻划更是入木三分。乔尔达

---

[1] School of Night，以沃尔特·雷利爵士为中心的诗人圈子，包括克里斯托弗·马洛、乔治·查普曼、马修·罗伊登、托马斯·哈里奥特等。

诺·布鲁诺、莎士比亚的哈姆雷特、马洛的浮士德都到了威登堡（Wittenberg），就跟路德一样。哥白尼与浮士德在克拉科夫的雅盖隆大学中共用的庭院，至今景物依旧。研究生们从事研究更是至死不渝："吾魂长伴古贤哲！"

挑战神明的狂傲不屈，以及想占有自然的神秘力量（例如风与火）的激切渴望，都是自古流传下来的遗产。浮士德在祈唤普罗米修斯与伊卡洛斯的时候，也借助于这种传统象征。有句名言在加尔文主义中极为盛行并广受理解：对知识的放纵肆欲（有人敢说是"淫欲"吗？），也就是求知欲（libido sciendi），造成了学术的平民化。但知识之树结的却是有毒的果实。这新鲜的结果，使得即便是最冠冕堂皇、道德上毫无可议的知识汲取，也沾染上了根深蒂固的忧伤。正如一般所说，此中关键就在布鲁诺。在他在威登堡所作的《告别演说》（一五八八年？）中，他选择了《传道书》一章十八节（作为首要基调的《传道书》，其所扮演的角色尚待研究）作为座右铭："加增知识的，就加增忧伤。"这种反柏拉图、反人文主义的阴郁（tristitia）备受抗拒。乔治·查普曼谜样的《暗夜礼赞》中，或许受了普罗提诺的影响，称他那有抱负的灵魂"在我的苦难中，世界她可欢唱"。但这种充满悲剧气氛的理论与思辨探究所带来的发现，尤以帕斯卡尔集其大成，却是无可改变的。而这又迸发自两种无限的冲突之中。"意志行动是无限的。"乔尔达诺·布鲁诺在一五八五年的《英雄狂热》(*Heroic Frenzies*)中如此说道。而知识的领域也是一样，无论人类意志或系统性的探索，都不能企及最终的神秘，或完全掌握自然现象。挫折深镌于理性之中。因此，正如布莱布鲁克（M. C. Bradbrook）所说，浮士德所依赖的可怕悖论，唯一能确定的只有他自己的毁灭。

这个在一五○七年到一五四○年之间快速流传的传说故事，或许真有其人为本：有个约翰·富斯特（Johannes Fust），跟付梓出版的恶作剧小说有些关系。这故事的偶戏版本在德国与中欧四处搬演。《约翰·浮士德博士的故事》(*Historia von D. Johann Fausten*)一五八七年在法兰克福开卖。施皮斯（Spiess）的《浮士德原传》(*Urfaustbuch*)连同其中的各部细节，也有了英译版本。不同版本的结局之间有些差异，以精明著称的马洛立即察觉到了。他的剧本，我们已知有两种内容上有问题的版本，几乎可确定在一五八九年初便已存在了。学者们为了其中滑稽的次要剧情与散文的作者是谁而争论不休：是托马斯·纳什，或是塞缪尔·罗利（Samuel Rowley）？正如歌德所赞赏的，是马洛察觉到这主题与其心理剧的巨大潜力。这是一出人类精神的悲剧，是一出属于智性的戏剧甚至是音乐剧。从阿里斯托芬与卢奇安到拉伯雷，古来对假道学与官模官样的嘲讽不计其数；而这些嘲讽在布鲁诺的作品中显现出苦涩的一面。巫术与邪教在戏剧、芭蕾舞与廉价书中成了要角。马洛撰写了一部关于心灵的激情戏剧，一部可媲美陀思妥耶夫斯基作品的形而上学恐怖剧。他的创作是多么不同于莎士比亚，而浮士德与普洛斯彼罗相比，又是多么夸张的人物啊！

巫师有其学徒，大师有其弟子，领事（Ordinarius）或教授有其助手。这样的配对，包括许多嘲弄的改编与反例，在学院制度与在炼金术士的实验室中出现的情形并无二致。只要有主人（Magister），就有仆役（famulus）在周遭徘徊〔"宠伴"（familiar）一词暗指亲近与恶魔般的服侍〕。即使在最平板无奇之处，浮士德的苦恼仍与瓦格纳的角色密不可分。马洛或许以瓦格纳一角来吟诵序幕的开场以及充当合音。

学术的背景说够了。不堪忍受浮士德从事"受诅的艺术"，他的"老乡"（Schollers）决定找大学校长来解决。主人召唤出了梅菲斯特菲勒斯（通常简称为梅菲斯特）；在闹剧中，则是瓦格纳威胁要呼唤出小恶魔，因为他也渴望"主人"（Maister）这头衔，而且希望得到来自超自然的照料。浮士德对待弟子的方式有如慷慨的君王：他允许他们在美丽无俦的海伦"与帕里斯阁下一同渡海"时得以一睹天颜。然而，正是在这群学者之中，浮士德遭逢了他的困厄。浮士德的"啊，绅士们！"是否就是在《安东尼与克莉奥佩特拉》中，查米恩那句"啊，士兵们！"的灵感来源？马洛给了个隐晦的暗示："噢，我亲爱的剧场同伴！我与你同……"而一如他惯用的语句，同性爱欲与理智也时常结合在一起。甘冒圣灵大不韪，浮士德解释了他毫无希望的神学。诱惑夏娃的蛇或能被宽恕，但浮士德则绝不可能。注定毁灭的傲慢与美好的公正感，在字里行间反复强调：他所弃绝的上帝是个会宽恕浮士德的正义上帝吗？要解决这个悖论是否又超出了上帝的大能〔有些神职人员与学者认为天父上帝不能够（incapable）原谅犹大〕？这丰富的神学与形而上学隐喻，以及奥古斯丁式将罪恶视同灵魂的黑暗面的强调，是英语戏剧中所没有的。

连告别辞也是如此。浮士德对他的弟子说："不要谈我了，保全你们自己并离去吧。"在这训令之中有着人情关怀，但也有着尴尬之处。马洛在即使最无法言喻的恐惧表面，也敏锐地显露出羞耻的异常力量。师傅不愿意让他的弟子们见到自己最后的兽性，毫不夸张地将自己曾是主宰的人格撕个粉碎。虚荣高悬在地狱的入口。学生们被准予猎杀他们的老师，但"无论你们听到什么声音，不要来找我，因为没有任何东西能救得了我"（恩培多克勒在崖边也会命令他的弟子离开）。在分离时，也流露出一股玩笑般的恐怖："别了各位，如我能活到早上，我会探访你们：如若不然，浮士德便是下了地狱。"伊丽莎白时期的人们实在是大胆的死亡玩家。

浮士德唯有其学识与之相伴。他想着奥维德，他引述毕达哥拉斯用以安抚形而上精神病的学说。卖弄学问是种最终的消遣，而现在却也成了笑话："我要烧了我的书。"（浮士德要放火就像是普洛斯彼罗要投水一样）但既不是焚书，也不是学生的自杀，才使得这出悲剧显得精彩："烧掉的是阿波罗的月桂枝，它曾经在这学人身上成长茁壮。"马洛写得简洁大方：音乐与诗艺之神为学习与哲学的爱好颁发桂冠。自始至终，这好古敏求的师傅都是如此地贴近缪斯，连维特根斯坦也大胆地说哲学最好以诗的方式来表达。

在所有关于浮士德的歌剧版本中，费鲁乔·布索尼（Ferruccio Busoni）的《浮士德博士》（Doktor Faust），虽然尚未完成，并于一九二五年首次登台演出，却是最能贴近马洛恶魔般景象的版本〔唯一可堪媲美的或许是半世纪后许尼克特（Schnittke）逐字搬演版的《浮士德传》（Historia）〕。布索尼是个杰出的老师，他在柏林开设的硕士班课程至今仍被奉为传奇。他剧中的浮士德是威登堡的大学校长（Rektor Magnificus）。不祥的预兆来自克拉科夫的三个学生送给他一本有关黑魔法的书。瓦格纳是这位师傅虔诚的助手，他的模样公认是种日耳曼式油腔滑调的谦卑。故事的结局是一种恐怖的讽刺。瓦格纳在夜间下雪的街道上招摇地走着。他现在才是校长（Rektor），他才是学生们尊称的阁下（Magnifizenz）。他的就职演讲可说是"无与伦比"：棒极了（cum perfectione）！曾经担任过浮士德仆人（famulus）的克里斯多佛鲁斯·瓦格纳，现在可是掌有学术权力与智慧的教授了。"万岁，万岁，万岁！"学生们的欢呼声显得像是对德国学院的嘲讽。校长踌躇满志地表达亲切。毕竟，他的前任只不过是"一个幻想家"（ein Phantast），是个从事可疑学问，又爱做白日梦的傻蛋罢了。活该他一生的下场如此凄惨。音乐声中充满了自负与叛逆的调调。学生的声音在向这位阁下道晚安之中逐渐消散。

濒死的浮士德上场了。他认出了这幢房子！"那是你的位子，大学者，放轻松，把你的王座装饰得比浮士德更豪华吧！"梅菲斯特扮成守夜人出现。雪下着，他手中的提灯照着浮士德身无长物的尸体："这家伙是倒了什么大霉吧？"浮士德的终身教职大概只能在地狱中获得吧！布索尼对瓦格纳逐步高升的解读，可说是这故事中最动人心弦的。

歌德对学术界的厌恶众所皆知。"能者做大事，无能者当老师。"现代的饶舌歌给这句话改了些字："能者做大师，无能者在教育学校当老师。"从植物学、动物学、矿物学、比较解剖学到哲学中的美学，从光学理论与货币研究到政治学，歌德岂未对几乎各种学说做出重大贡献吗？康德值得深读却枯燥无味的文章跟歌德相比如何？在费希特能否获得耶拿大学教职的纷争中，歌德亲身体验到在大学争论中的憎恶与狭量。面对席勒这演说家与历史学者的光芒，歌德也明白了穷酸教授的无足轻重。

因此，在他两部《浮士德》中，都充满了反学院的嘲讽，对教学过程的戏谑。而且，这些描绘都出自歌德独白式的洞察。他察觉到浮士德与瓦格纳这对人物，是种典型的展露（dédoublement），一如我们在堂吉诃德与桑丘·潘沙、在唐璜与莱波雷洛、在夏洛克·福尔摩斯与华生医生等组合所看到的 ——高瘦个儿与矮胖子伙伴两人的对比，就像法国儿童寓言《瘦子与小胖》(*Fil de fer et Patapouff*) 中所显露的一样。因此，师徒之间、主奴之间的辩证，有了具体的形象。

既然否定了柏拉图主义，就必须在"生命"与对纯粹思想毫无爱好的追求（康德派学者）做出抉择。勃朗宁在诗作《文法学者的葬礼》诗中的说法令人难以忘怀：

> 这是我们的老师，冷静死板名气响，
> 扛在我们的肩头上……
>
> 这是最高的山头；芸芸众生在下头
> 那儿活着，因为他们还能够：
> 这个人却舍命求知宁不活。

回顾学校课程的主要领域——哲学、法律、医药、宗教——浮士德深感无味。亡灵巫术则为他大开了狂喜的生命之门；说得精确些，在山巅上头的危机并不属于那文法老师，而是属于查拉图斯特拉。瓦格纳的奉承短视在歌德的诠释中显得邪恶缺德。这段对韵人人朗朗上口："博士先生，与您一同散心走走，是份光荣，而且收获良多。"这位大师的名气以及各界对他的尊崇，使他的学生深深着迷。但目光如鹰的浮士德巧妙避开了瓦格纳的企图。他唯一热爱的是飞跃"在书本之间，在书页之间"，他的解脱就在于冬夜的教师间里头那张终身教职的座椅。正是此时，那头来自地狱的黑色狮子狗开始了这场恶作剧。

梅菲斯特似乎读过康德《论院系不合》这篇论文。他穿着浮士德的教授长袍，接见了一个怯生生的校园新鲜人。但通往帕纳索斯山的路途怎么走呢？首先，要先从所有科学的根本《高等逻辑》(*Collegium Logicum*)开始读起。这个假老师装模作样的神秘话语，让学生摇头晃脑地苦苦思索。或许读法律学院还比较好吧？征询恶魔所得到的意见，是只要忠于一位大师，忠于在众口纷纭的精英之中的权威，这是最确定能通往酬赏的灵药。形而上学界也总有着一堆仿佛圣灵传道的教师絮絮叨叨。歌德自身的信条喊得响亮："吾友，所有的理论都是灰暗一片；染绿那生命的黄金树吧！"当学生离开，梅菲斯特又回到他那一副正派模样。高等教育的陷阱已经够多了。

在《浮士德》第二部中，那个怯生生的学生变成了一个桀骜不驯的大学学士(Baccalaureus)。他惊觉从前为他开示的先知，现在竟成了腐朽的垂垂老头。他所从事的学业只是在虚度时日。所有的权利都属于青春，属于它的不知天高地厚以及开创新世界。厌恶混乱无序更胜于不义的歌德，怎会预料到了一九六八年花派嬉皮与新世代无政府主义者的口号？这大学学士宣称，所有三十岁以上的人最好自己滚蛋。学生的本分，尊师重道，已经化为齑粉了。

不过，我们并非得在威登堡找寻真正的教育。在《浮士德》第二部中描写喀戎的桥段，是最令人费解的。这人马的飞蹄响彻传统群魔乱舞的瓦尔普吉斯之夜。一半是野兽，一半是人类，喀戎象征着能量与自然的秩序，以极危险的美丽形态，转化成充满智慧的人类。浮士德热烈拥抱这种精神与肉体极致的完美结合，这种结合让喀戎能够使用生物医疗用品。他是一位特别杰出（par excellence）的"高贵老师"。他有一群与众不同的学生：喀戎教过俄耳甫斯、伊阿宋与阿尔戈英雄、海格力斯，还有医学之父阿斯克勒庇俄斯。他还背负过幼时的阿基里斯。即使在歌德死后许久，浮士德的盛赞仍不断回响着：喀戎教育出"充满荣耀的一群英雄"。还有什么学界的"大师"（Magnificence）能够与这人马相提并论？

歌德的职业还有个引人好奇的注脚。歌德的色彩学（Farbenlehre）误解了牛顿光学，却是十分引人入胜的批判；奥林帕斯山上的诸神对他在色彩学中的恶意忽略感到忿忿不平。有个年轻哲学家前来拥护歌德的理论，并为之广为宣传。歌德为这学生的聪颖与不遗余力所喜。用德国学界的说法，他给这学生上了好几堂，最私人的（privatissime）个别指导。但这学生开始质疑他的老师。他重新审视过歌德对棱镜的解释，并发现其中的缺陷，他发现自己的研究最后终将导致对老师的反驳。歌德绝无法原谅亚瑟·叔本华如此的反叛。

在佩索阿未完成的多卷《浮士德》之中，只有一处提及本书主题；但却极为辛辣深刻。"噢，老师！"学生对承认自己恐惧死亡的浮士德如此唤道。浮士德为自己的失言懊悔不已。他要文森特忘掉自己方才透露给他的话。"我独处于自己的灵魂中，回答你时我正与自己对话。"文森特为浮士德狂热的模样感到害怕。他不能理解浮士德对他的开示：这世界是个梦中之梦，而做梦之人本身也只是幻梦。他只隐约了解浮士德对天才即将失去的特权的宣称。浮士德答应与他的学生晚点再会面。然而，我们却看不到这第二次的会面。

这种恐怖的冲击，在保尔·瓦莱里在一九四六年出版的遗作，充满嘲讽的《我的浮士德》(Mon Faust) 中却看不见。这一次，浮士德的助手换成了一个冰清玉洁的年轻女性，叫作露丝特（Lust），意味着欲望与欢闹。我们的大师支使着他的女仆（famula）。他的紧张与自负，更使她积极挑逗他。梅菲斯特向一个学生揭露自己的身份："我是教授存在的教授。"这个新生可以变得"像浮士德一样杰出"，但这黑暗的王子给他的却是知识的不可共量，仿佛盖起一幢"无法辨读的高屋广厦"。"这些死人都惨遭杀害"，这学生为他们叹道。他们已经死如尘灰了，梅菲斯特安慰道。他自己是个粗鄙无文的文盲："在我那时代，没有人知道如何阅读。我们只能靠猜测。因此我们无所不知。"

受到震撼的学生向露丝特坦白："我给浮士德带来

了我的信仰、我的希望、我热切的欲望，好让他觉得他的天分创造出了一个美好的年轻人……毕竟，我不也是他一手栽培的吗？"露丝特试着合理解释师傅"异样的亲切"，但这学生起而反抗。丰富的典藏冷却了他的灵魂。"浮士德辜负了我，他伤害了我，他让我一无是处。"

但不是所有的学生都会遭受挫败。

有什么样的小说家胆敢创造出这样的人物？他具有丹麦王室血统；他是精通古典与现代语文的语言学家（他还懂一点希伯来文）；他身兼炼金术士与占星学者；他是复杂天文仪器的设计者与建造者；他是无与伦比的星体运动观察者；他是第一个发现并将彗星命名的人（一五七二年）；他建造出介于托勒密与哥白尼两种理论之间的太阳系模型；他是个极端暴躁的领主，用一个黄金鼻子来掩饰他在一场决斗中所受的伤。第谷·布拉赫（Tycho Brahe）像个巨人般支配着他的世界，他周游欧洲各个王室，走遍各所大学，威登堡也包括在内。一六〇〇年二月，这位鲁道夫皇帝御用的天文学家与神秘学导师，从格拉茨带了个名不见经传，一贫如洗又视力欠佳的数学老师，回到他位在捷克的城堡。对约翰·开普勒自己而言，他把自己比喻为"屋里头的小狗"。他不断地"跟随着某个人，模仿着他的思想与举动……他心怀恶意，常像条疯狗般挖苦别人……但他的主子们很喜欢他。"（像浮士德博士的那条狮子狗吗？）

进入布拉赫富丽堂皇的家中，开普勒希望"不要气馁，而要受教"。尤其是他激切地想要接触到第谷·布拉赫对天体运行的观察。他难道不是自己注意到C大调和弦的间隔，比在毕达哥拉斯学派认为的天体模型，也就是多面体上行星之间的间距来得更接近吗？开普勒早已暗自怀疑他老板的"混合系统"（patchwork system）了。甚至第谷本人从一五八四年观测火星的日间视差以来，在他坚强的自我中，也对自己有着这样的怀疑。这些都是不祥的预兆。

开普勒是为了成为同事而来，却觉得自己只像是家仆（domesticus）一样，无缘一进第谷的观测宝库。第谷深刻体认开普勒的数学能力，但他认为他这助手无疑是个隐然的哥白尼信徒。如同弗格森（K. Ferguson）充满洞见的解读：他收留了"一个具有强大心灵能力的缺陷儿"。尽管与自己兴趣不合，开普勒仍全力投入对天体运动的物理与几何解释。这两个人都有点偏执狂的倾向。一六〇一年秋，在知识史上的重要时刻之一，第谷将他未来的命运交到了开普勒急切的手中。师傅为他的家仆（famulus）打开了戒备森严的天文学宝库。除了开普勒还有谁能为第谷模型结出丰硕的果实？第谷此时已命在旦夕。在垂死之际，第谷知道三十八年来皓首穷经的计算成果现在已非他能掌握，他一再一再地恳求："别让我这辈子白活了。"

约翰·开普勒现在成了宫廷数学家。他仍继续秘密地采用第谷对火星的观测结果。重要的《新天文学》（*Astronomia nova*）在一六〇九年出版。第谷的文书助理为这本书作序，序言中仍大力倡议第谷系统。事实上，开普勒早已将之横扫出局。未来站在哥白尼、开普勒与伽利略这边。但开普勒的著作，尤其在《星历》（*Ephemeris*）中，仍采取第谷的星象分类。师傅与"徒弟"都配享开普勒给自己写的墓志铭："我衡量过天空。"

这出在布拉格及邻近上演的戏码，刺激了马克斯·布罗德。他在一九一六年出版的《第谷·布拉赫的通神之路》（*Tycho Brahes Weg Zu Gott*）是部冗长却动人的小说，这部小说"洞如观火"的描写方式实是前所未见。一般都认为布罗德这部小说也阐述了他与弗朗茨·韦菲尔（Franz Werfel）之间的关系。依我看，这种说法实在是见树不见林。

布罗德与卡夫卡的来往始于一九〇三年。在他一九六〇年出版的自传（这是部无疑需要细读的著作）中，布罗德说到在一九二四年六月卡夫卡逝世前的那段时间，两人"无日不与"。"我俩的对比极为强烈；两个灵魂以同等的力道相互冲撞。"布罗德与卡夫卡两人毫不厌倦地一同阅读哲学（柏拉图）与文学作品（福楼拜）。尤其他们偶尔还会公然地阅读彼此的著作。布罗德的《第谷·布拉赫》是献给卡夫卡的。他的最后一部小说《密拉》（*Mira*）又重新提起令人费解的主题：成功的另一个自己，还有那摧毁另一个自己的秘密分享者。在布罗德的回忆录中，明显可见充满矛盾的宽宏大量："卡夫卡表现出来的高明之处，他的优点跟缺陷均分其功。"特别的是，他这个人"不行不义，即使对物品亦然"。但在理智与文学的领域，他俩的亲近是平等互惠的："我们相互教授。"

卡夫卡临死前告诉布罗德的遗言，其内容与真正的意图至今仍备受争议。要看清这真相犹如雾里看花，我们除了怀疑之外别无所知。不过，我们似乎已能确定，若果真不是经卡夫卡临终授命，布罗德可以自己决定是否摧毁卡夫卡尚未出版与未完成的小说故事。其中只有少数片段在卡夫卡生前曾流传于世。我们现在有卡夫卡——暂停一下，设想在我们这时候的现代要是少了他会怎么样？——都要归功于布罗德不懈地编排、编辑、寻找出版商出版卡夫卡的作品与日记。有什么举动会比这抢救遗作更有意义？这是出于高超道德与自我毁灭的举动。马克斯·布罗德必定知道卡夫卡会对他自己的作品带来什么冲击。有段残酷的轶闻是这样说的：某个雨夜，布罗德在布拉格城堡下那条满是金匠铺与炼金术室的街上痛哭。他遇见了一个著名的书商："马克斯，你为何哭泣呢？""我刚听说弗朗茨·卡夫卡死了。""噢，真令人遗憾。我知道你对这年轻人评价极高。""你不懂。他要我烧掉他的手稿。""那你就该衔命完成啊！""你不懂。弗朗茨是最伟大的德文作家之一。"静默片刻后，那书商道："马克斯，我有个办法。你要不要烧掉你自己的书来代替？"

当高尚的桂冠诗人罗伯特·布里奇斯在报上见到杰拉德·曼利·霍普金斯的怪异诗时，他觉得自己的好意全是白费。但布罗德与卡夫卡的情形不是这么回事。在他死前，布罗德将自己视为卡夫卡胸无点墨的称职助手。到了最后，他还是努力要确保卡夫卡的普世荣耀与杰出贡献。"字母K只属于我"，卡夫卡曾如此玩笑道。在布拉格，这个字母也属于开普勒。或者，我们在布拉赫与布罗德的名字中也听见了重复的子音？

当我愈逼近我论证的重心，我对不安便愈感麻木。仰望这些主角的精神高度，穷尽了我的智能与心力。关于他们的参考书目浩如烟海；但迄今我们仍未掌握最重要、最具决定性的证据。今日，我们已太过接近，也太过远离这些事件及其极度复杂的背景环境，即使装作超然公正也没有用。要了解埃德蒙·胡塞尔与马丁·海德格尔的关系，就不得不谈历史与政治因素。就我们所有的资料来看，这些资料令人生厌的程度并不亚于其悲剧性。他们的重要文章——例如海德格尔的《校长演说》——其中的每个字，甚至有人说每个音节都已经被诠释或过度诠释到饱和的程度了。罗伯特·卡明斯[1]所写的《现象学与解构》（*Phenomenology and Deconstruction*），就是四大卷的研究注释。

---

[1] Robert Cumming（1916—2004），美国哲学家、欧陆哲学史家，尤擅现象学。

但现在出现的，可不仅是对注释、对注释的注释——现在可有一大堆三阶的后设研究论集——这些书籍与其受争议的性质：这些注释与争论发展出了当代的哲学。从雅斯贝尔斯与萨特到列维纳斯、哈贝马斯、德里达、存在主义、现象学（参见梅洛-庞蒂或格拉内尔[1]）、后结构主义，以及解构主义，尽管本身都称得上是巨作，却都可以看作是胡塞尔与海德格尔关系的注解。在西洋哲学史上——海德格尔会问，我们这里说的"历史"是什么意思？——还有什么人物，或说私人的脉络能够激发出这么多思想型态？只有这面对胡塞尔与海德格尔对客体反传记式、反心理学式的坚持之下，以某些毫无特色的方式，孕育出他们的作品。但即使是最粗略、最简介性的看待（海德格尔会认为这相当低劣）也会搞错。不过，常识不应该完全被否定，尤其在这么多隐晦的话语，还有在法国诠释学那种近乎神圣的屏息之中更是如此。

弄清海德格尔的发展几乎已经成了一种家庭工业。一九一九到一九二七年间的演讲稿与学期间的课堂笔记只有部分得以流传。众所周知，至今尚未出版完全。海德格尔自己后来导向《存在与时间》的进路，那些领向"朗现"（clearing）的林径，都需要极为小心的阅读。即使是看来最明白的，也最好视之为暂定如此。我们现在知道，浸淫于经院哲学与托马斯主义对年轻

---

2 Gérard Granel（1930—2000），法国哲学家，是海德格尔、胡塞尔、休谟、维柯、维特根斯坦的法语译者。

的海德格尔而言是何等重要。对于他对路德的转向，以及将圣保罗视为路德的激进言论的看法仍显得过于简单。他方向的转变、为哲学研究而放弃神学，以及接受新教都极为重要，却又都有所隐瞒。早期的经院哲学遗留下来的"后设神学"要素与风格，出现在海德格尔的存有学中。神学的经典、奥古斯丁论时间、克尔凯郭尔论"恐惧与战栗"等等，都对海德格尔的教学产生根本影响；它们都交织在海德格尔所认为一生哲学追求焦点的根源之中：布伦塔诺（Brentano）对"存在"（to be）的几种意义的论述。如果布伦塔诺带领他进行对亚里士多德彻底决定性的重估，亚里士多德也可以算是经院哲学的先驱。

即使是有例如基谢尔[1]、让·博弗雷[2]与卡明斯这样的读者，以最详尽、逐字逐句的方式来检视早期海德格尔，还是无法解决其关键问题：马丁·海德格尔他的语言的始源与运用。几乎从一开始（这里尤要注意"几乎"一词），海德格尔的用语、他的语法、他的新词、他对希腊文的"翻译"、如潮汐般的重复修辞——这也是一种修辞——就都一扑而上。德国的表现主义与一九一八后的十年间出现的启示声浪或许有密切关联。不妨看看卡尔·巴特（Karl Barth）对《罗马书》的第一版评注。斯宾格勒或许也是注释大家（海德格尔在一九二〇年四月曾就斯宾格勒做学术演讲），但这

---

1 Theodore J. Kisiel，海德格尔研究权威，翻译了其主要的著作。
2 Jean Beaufret（1907—1982），法国哲学家。

种亲近可能并不合乎现实。海德格尔的《语言收获》（*Sprachschöpfung*）、他的"语言创造"所造成的"深远"，其原创性与其重要性的影响，当然也有人说是种丑恶，只有一个先驱（海德格尔也明白意识到这点）：马丁·路德。或许有一日，我们大约同时能了解意识的变动，能了解意义之意义所可能造成的危机，那时大约会同时需要《存在与时间》《芬尼根守灵记》，还有格特鲁德·斯泰因的作业吧！

海德格尔是在一九一九年冬季来到弗莱堡担任埃德蒙·胡塞尔教授的助理，他当了三十年胡塞尔的下属。他们在一九一七年末初次相遇。当时胡塞尔已经对他留下深刻印象。我猜，海德格尔当时带给他的震撼，来自海德格尔自己的用语。海德格尔的演讲与授课，包括笛卡尔的《沉思录》、奥古斯丁与新柏拉图主义、亚里士多德的《论灵魂》（*De anima*），就我们所知，其口头论述相当迷人，有时还颇具"催眠"效果。即使在此时，他或许也已经对于彻底检视德国大学，以及重建国家与精神（Geist）的新约有了反对信念。他在一九一九年夏季学期还曾讲演大学与学术研究的本质。

同时，他反对当时流行于德国哲学界并被视为正统的新康德学派，加上他致力于胡塞尔的现象学，更显得引人注目。整个二十世纪二十年代初期，海德格尔发表的演说包括了现象学简介、宗教现象学、亚里士多德《尼各马可伦理学》的现象学解读等等。这年轻的助理一次又一次地阐述师傅对于观念与逻辑研究的文章。海德格尔还在胡塞尔于一九二四到一九二五年冬天所开设的《逻辑研究》(*Logische Untersuchungen*)课堂中,指导学生的作业。

而我们的师傅,尽管在第一次世界大战中痛失爱子,有足够理由相信他这聪颖的弟子会是他未来在精神上的继承人与拥护者。尽管像海德格尔这样淡泊寡欲,甚至可说惜言如金的人,不是德国学院主义传统与权威方式所赞扬的类型,胡塞尔却是毫无保留地对他赞誉有加。然而,尽管他如此劳心劳力,却仍感不足。他的现象学,以及他要使哲学成为一门精确科学的许多重要方面,仍未能实现。胡塞尔的信心日趋坚决。无论面对什么困难,他的现象学方法都能为人类对世界的观察与理解提供一个无可訾议的基础。这方法能够拨开即使是康德也无法逃脱的神学－形而上学预设这重重迷雾;也能够廓清被胡塞尔认为是跛脚哲学,将心灵认知活动同化为暧昧不明的意识阶段的"心理主义"。未竟全功的还包括他对人际关系问题的艰苦沉思。还有谁比海德格尔更适合承续这熊熊火炬呢?

我们几乎难以概括说明海德格尔与胡塞尔之间的不同。科学式、后设数学式的理念对海德格尔而言简直是天方夜谭("科学不会思想")。真理不是一种逻辑范畴,而是一种从隐蔽之中展露的奥秘〔"真理"即是"开显"(aletheia)〕。尽管胡塞尔的现象学宣称是毫无条件，完全中立的知觉活动，还是免不了落入形而上学传统的窠臼，也摆脱不了无限后退的可能。现象学不重视海德格尔认为唯一值得问的问题："什么是存有（Sein/Seyn）？"也不能明白在短暂的前苏格拉底时期后造成西方思想分裂的元凶，甚至是尼采对形而上学所做的谴责——"存有的遗忘"。胡塞尔无法洞察这紧密联系于存在、现存者以及存有间之区分（德里达说的差异）的历史命运与人类的任务（Geschick）。他浑然无视于存有的枢纽："虚无"（das Nicht，萨特所说的 néant）。

沉浸于海德格尔看似亲近的对待中，胡塞尔根本察觉不出这些辩斥。他也不会猜到早在一九二三年初，恶劣的海德格尔在写给卡尔·雅斯贝尔斯的私人信件中对他个人与作品的残酷嘲弄。而他在一九一九年以后对海德格尔几场演讲的细密注意，或许已使师傅有所警觉。他确实曾以一种忧伤的态度观察海德格尔个人所流露出的迷人魅力。胡塞尔也确实曾记录自己班上的学生逐渐流失，只为了去上助理的课。他或许听到一些流传在德国哲学界的风声，说有个尚未出版作品的马丁·海德格尔，即将成为"思想的秘密国王"（汉娜·阿伦特的恭维）。或许，一帧一九二一年时师傅与弟子在乡间漫步的相片可说明这一切：戴着阔边帽，手持拐杖，身上犹太血统明显可见的胡塞尔，看起来就像是个垂垂老矣的教授先生（Herr Ordinarius）；年轻的助教（Assistent）有如登山者般有力的双手紧抱胸前，看起来像是陷入某种严肃的独白之中；胡塞尔微微地倾向海德格尔，海德格尔却对他瞧也不瞧。

从表面上看来，他俩的关系日趋热络。一九二三年，在胡塞尔的大力支持下，海德格尔在马尔堡大学首次获聘为教授。胡塞尔认为这将建立起一个显要的现象学前哨。《存在与时间》在一九二六年四月已然写就。他在一九二七年的《哲学年鉴》(*Jahrbuch für Philosophie*) 上予以刊发，如获丰收一般，该著作是献给他表示"敬意与友谊"的。尽管面对反对声浪，胡塞尔还是完成了他的梦想：一九二八年当他退休后，将由海德格尔接替他在弗莱堡的位子。这似乎是他们合作时期的巅峰。这学生除了自己的天才之外，无处不受师恩所沾。然而，阴影逐渐成形：海德格尔刻薄地批判胡塞尔为《大英百科全书》所写的现象学论稿。胡塞尔此时才开始详读这篇皇皇大论，但他还无法相信这是"为反对胡塞尔而写的"，而这却是海德格尔透露给雅斯贝尔斯的话。当我们阅读胡塞尔的注脚与注解时，我们可发现他所受的震惊逐步加剧。起初，胡塞尔还希望这只是个误解。然而，他很快就了解到海德格尔是有系统地拒斥或忽略像超验自我，以及将现象学作为精密科学（Wissenschaft）的这些关键概念。他的信赖与亲密不免冷却了下来。

由于胡塞尔具有犹太血统，又娶了个犹太人，这位荣退教授在一九三三年受到纳粹禁令的种种限制，但他仍获准到国外发表演讲。我们现在能拥有他在布拉格深陷于欧洲危机时期的部分作品，还得归功于此。在纳粹残酷的接管之下，早在纳粹掌权前就表示认同的海德格尔当上了大学校长。学生们热烈拥护他们的领袖、火炬，以及这一切。为了成为领袖中的领袖（Führer's Führer），就像柏拉图必须到西西里岛建立理想国一样，海德格尔也表示出这种梦想。但我们可确定，这两者之间的差异在于，就海德格尔的才干而言，他注定只能像布索尼的音乐剧结局一样。这新任的阁下，穿着别有党徽的簇新衣冠，对他所鄙视的，现在俯伏称臣的恩师大加挞伐。毫无疑问，这位恶名昭彰的校长就职演说是份模仿作，是一份在内在层次上而言，托言一种伪柏拉图式对高等教育的崇高理想的抄袭之作。它确实有种慑人的力量；但先不提德里达式的评论家所耍的花样，海德格尔对新政权的拥护，以及对人民（Volk）与领导人的坚定服务，都相当引人侧目。不过，海德格尔对种族主义者与优生学的蔑视，使他迅速被当权者打为"私人纳粹"，对政府毫无用处。这新任校长对非雅利安裔的同仁，或是在意识形态上采取怀疑论者的对待方式，尽管并非经常发生，却相当丑恶而卑劣，有许多人他根本就不打算加以延揽。

胡塞尔忍受着可怕的孤立。虽然不断有流言说道海德格尔拒绝让他进入大学图书馆，但这并没有真凭实据。唯一可确定的是海德格尔没有想办法改善他师傅的处境。就算《存在与时间》中的致意受到删禁，也是像海德格尔说的一样，这本书当时根本没有其他方式可以再版。不过,在第三十八页注脚中对胡塞尔的致谢倒是从未被删除过。一九三八年四月,当埃德蒙·胡塞尔逝世时,海德格尔自己也"卧病在床"。令人作呕的是,海德格尔在一九四五年的非纳粹声明中,明白表示他后悔未向守寡的师母表示哀悼之意。

胡塞尔对他与钟爱弟子作为灵魂友伴(Seelenfreundschaft)关系的结束,以及对于海德格尔在哲学与为人上的背叛,确实是失望透顶。早在一九二八年,他就已无法摸透海德格尔的城府有多深了:"我对他的人品没有什么可说的——我对他已无从捉摸了。有将近整整十年的时间,他曾是我最要好的朋友;但不可捉摸会阻绝友谊——这种在智慧判断上以及与他的交往关系上的逆转,实在是我生命中所遭逢最沉重的打击。"海德格尔的背叛"扰乱了我作为存有的根本"。这是思想史上最为悲惨的一段故事;而后现代主义者所提出的辩护则使其更加悲惨。

希腊化时期的教师会欢迎女性参加他们的演讲与座谈;坚守犹太传统的基督宗教则禁绝了女性。然而,年长师傅与年轻女弟子的故事仍层出不穷。台面下的爱欲暗流未曾远离。莫里哀在《太太学堂》中曾挖苦阿尔诺夫的课程设计:阿涅丝因其"真诚与朴实的无知"而受到赞扬;她适合在他易卜生式的娃娃屋中当个柔顺的助手;他寻求着一块适合他那双父权大手可揉塑的蜜蜡。果不其然,这学堂的课程出了差错。受到风流倜傥的贺拉斯频献殷勤所惊醒的阿涅丝,展现出她的聪颖灵敏。察觉到自己徒有"病恹恹的精神",阿尔诺夫遂成了受揶揄的笑柄。在莫里哀的作品中也常可发现,残忍的虐待就藏在欢笑的背后。

爱德华·卡索邦牧师的愿望显然落空了:"我想要一个我人生迟暮的读者。"(《米德尔马契》中这铿锵有力的一句经常为人忽视)卡索邦或许确实是个"年近半百的瘟书虫",深刻地觉察到自己的生亦如死。但是多萝西娅——她姊姊西莉亚说"她喜欢放弃"——却深为卡索邦的学识与教育权威着迷。他对她而言,是"现代的奥古斯丁";嫁给他简直就是"嫁给帕斯卡尔"。这老师开始教她古代希腊文,"就好像小男孩的学校老师,或说更像是个完全适合懵懂无知的年轻小姐的爱人"。"未来愿景"在过去或许受到遮蔽,但现在可有了"知识之灯"。

第二部第二十章是整部小说中最具洞察力的部分。在罗马的蜜月旅行使得多萝西娅惊觉到"她新婚生活中如梦似幻的怪诞之处"。展露出"他们年轻赤裸身体中的灵魂"的绘画与雕刻,启迪了多萝西娅饥渴的感性。她现在明白了她在性爱中的"断裂"。枯瘦的"博学英雄"喜欢大发高论;这给她带来"一种心灵的颤抖"。多萝西娅叹道:"我会写下你所说的,不然我会从你告诉我的话中加以摘录;我还能有什么用处呢?"当这对夫妻回家后,以一副心理分析学家那种高傲姿态出现的西莉亚,发现卡索邦流露出"一种仿佛已受够了枕边人的沮丧"。但直到书中第四部才点出这是桩错配姻缘。多萝西娅明白自己内心的背叛，受此影响，她"勉强逃离了对那跛脚生物的残害"。跛脚象征了去势，这可比弗洛伊德的分析早得多。此处弥漫着失乐园般的气氛：同瞎了眼的参孙一样，卡索邦"劳而无获"。多萝西娅"在两人一起沿着宽廊走着时，将手放入了丈夫的手中"。乔治·艾略特告诉我们，失去乐园时也可以充满了同情。

在哲学史与文学史上，有两段师傅与年轻女性的关系备受瞩目。

说得精确些，圣徒彼得证实了埃罗伊兹在师从阿伯拉尔之前就已有了博学的名声。阿伯拉尔称她是学富五车（per abundantiam litterarum），但他自己的教导，尽管后来转变为激情，却十分严厉。《我的悲惨故事》（*Historia calamitatum*）中说得十分明白：书中只有简略提及肉体上的惩罚，但这之中的性意味却不言自明。露·安德烈亚斯－莎乐美那张著名的相片则是对这主题歪曲的模仿：坐在马车上的莎乐美拿着马鞭挥舞着拉马车的尼采与瑞（Rée）。埃罗伊兹说："我盲目地听任他指挥。"以奥维德的作品为"媒介"，欲望点燃了爱情。师傅的每一堂文法、逻辑、修辞的三学科（trivium）课堂，都有带来狂喜的一面。两人私订终身时，阿伯拉尔已逾不惑，而他的学生年方十八。他俩的结合，不只是因激情而显得特别，在智性的层次上、在神学与哲学目标上能互为扶持，更是与众不同之处。教会中只有少数神父像圣哲罗姆一样收受女性弟子与侍祭。他写给玛赛拉的书函激发了阿伯拉尔与埃罗伊兹。

在遭逢大变后,埃罗伊兹显得比她敬爱的师傅更坚定、更坚强。尽管他们被迫要分离,她仍要求他继续指导她的灵魂,指导她一手建立起的修女会。结果,就我们目前确定为真本的信件来看,这造成了一种无可比拟的交流:在他们之间,道德学说的分析与论证不断在这段受诅咒的爱情上强加痛楚。令人吃惊的是,在无数个从这段故事中汲取灵感的作家与艺术家中,竟是蒲柏看得最为透彻。《埃罗伊兹与阿伯拉尔》[1](1717)中失乐园式的回响,毫不逊于《米德尔马契》。尽管发过誓,埃罗伊兹仍说:"我还没法铁石心肠。"她还是回想着师生间的情爱:"有什么规训,从那样的唇齿间说出来还不能感动人心?"她内心与智性上的失落纠结成了一体:"吾爱,我崇慕的一切理想,别了!"

如我们先前所见,海德格尔反对中世纪神学与逻辑之间的关联。我想,当他在一九二五年开始与他年轻的学生汉娜·阿伦特交往,要是说他不知道阿伯拉尔与埃罗伊兹这样的先例,实在说不过去。尽管两人之间的交往,曾被无情地中断至一九七五年,这段关系却和前例有许多相似处。"你是我的学生,我是你的老师,这只是恰巧发生在我们身上的情况。"海德格

---

[1] 亚历山大·蒲柏的诗作。

尔在一九二五年二月二十七日写给汉娜的信中如此说道："我有如被神灵击中。"他们一起经历了"转变"（Verklärung）之夜。阿伦特讨论圣奥古斯丁关于爱的观念的论文，可说是立即评注了海德格尔对奥古斯丁《论恩典与自由意志》（*De gratia et libero arbitrio*）与隐性自传的说明。这位教授感到来自社会与学界的威胁，就像阿伯拉尔一样；因此保持隐秘是不得不然。在窗口摆置一盏油灯，表示两人可以幽会；而选择在铁路旁的小旅舍，则可便于海德格尔自己来回。"你这诱人的小妖精"，大师喘道。接着，他又写了一封辞藻华美的信，冀求含藏在这年轻学者的灵魂中的欢愉能量，更胜过学术的严肃（Ernst）。在整个一九二五年激情的秋天中，海德格尔指导了阿伦特的研究，尤其是圣保罗的神学与末世论。这会是什么样的指导啊！"你有没有好好地为布尔特曼（海德格尔在马尔堡大学的同事与对话者）努力啊？"阿伦特必须为了海德格尔的专题指导，一再地细读康德。大师为弟子的"dienende Freude"而欣喜若狂。这个词不太好翻译：勉强可译为"服侍之喜"，也就是在服侍之中的喜悦。而这正是埃罗伊兹的写照。

阿伦特似乎在一九二六年一月断绝了这段性关系。她离开马尔堡大学，并成为雅斯贝尔斯的博士生，借以避开这段丑闻。海德格尔署名于一九二六年一月十日的分手信则更显苦涩：她一离去，他只剩下可悲的一群学生，"孤单而寒冷的日子，又再度来临了"。

"我如同在爱上你的第一天般那么爱你",海德格尔在一九二八年四月写道,"你指引我的道路,比我想象中的更漫长而崎岖。这得花上一辈子来走。"大师引用了伊丽莎白·巴雷特·勃朗宁的诗句:"若蒙上帝恩允／我在死后会更爱你。"汉娜·阿伦特在战后一直陪伴着失宠的海德格尔。她成了他在英美世界勤而不倦的代言人,成了他的译作与名声的经理人。在某种程度上,她明白他的虚伪,明白他认知她作品的价值与国际声望所带给他的虚荣。但这都无关紧要:海德格尔的教学所带来那排山倒海般的震撼,他那"无人可及的阅读"能力,将他俩紧系在一起。一九五〇年间,海德格尔写了诗给他这得力助手。阿伯拉尔是个高超的诗人,海德格尔却是里尔克拙劣的模仿者:

在那里与此处
你的一声"好"
带着电光般灿烂的亲近,
带着心甘情愿的亲密。

让我发出
深沉的哭喊
只因出于满足腾欢。
在我的深夜
从那遥远的圣地
照耀出不灭的阳光。

这令那唯一的火
在同一中变得怪异,
在那日常的伪装下是如此明显。

诗句中昔日做爱的脉动震天价响。而且,其中的词汇出于海德格尔式的存有学,出于他对索福克勒斯("在那日常的伪装下是如此地明显")与荷尔德林的熟稔。海德格尔颇自得于这种一致:

当思想在爱中被照亮,
也会绽放出奉献与恩典的光芒。

被称为"万世师表"的阿伯拉尔,收受的学生横跨了整个欧洲。他的弟子包括许多杰出人物,例如索尔兹伯里的约翰。传说他有"弟子五千余人,其中五十人成了主教、枢机主教,还有修道院院长;其中还三人成了教宗"。海德格尔的教诲不仅启发了汉娜·阿伦特,还有卡尔·洛维特与赫伯特·马尔库塞。通过列维纳斯、博弗雷、存在主义者与解构主义者,他的思想主宰了战后的西欧哲学。很快地,他的影响扩及美国。这扩张是全球性的:在中国与日本也有了海德格尔研究中心。二手文献激发出全面性的考察。大师本人暧昧的魅力与其作品一样强烈,经常导致误读或不解。德里达平衡看待的尝试颇值一观:"钦羡、尊敬、感激,同时又充满了反感与嘲讽;这就是为什么他能不时被呈现出来……作为一个永远的旁观者，他一直伴随着我，就像个幽灵一般。他对我来说像是一个守护者，一个始终注意着我的思想体——他是无时不留心着我的守卫，是令我觉得自己饱受监视的思想体。他是个楷模——我当然也反抗他，但我扪心自问，反抗他却是极为讽刺的。"德里达的评论建基于大师留下的遗产之上。不过，"在法国处理这种事"又是何种情形？

四　思想大师

"思想大师"（maître à penser）一词，使我们身陷于亨利·詹姆斯所说那种"不可通译的金色牢笼"里。这并非出于语义上的困难，而是因为这字眼极为讽刺。在英文中，"思想大师"是个华丽而空泛的辞藻。在英美人士的耳中听来，这个词透着法国式的装模作样与官腔官调。就算是"思想家"一词，也备受猜疑。詹姆斯说得不错：在英美世界中，只有他才背负着这头衔。尽管这个词一开始满是嘲讽的恶劣意味，但鉴于詹姆斯的贵族气度与言重如山，"大师"一词成了种多少带点真诚敬意的称呼。这倒是非常适合他。

在德文中，大师（Meister）一词则受到艺术家、智者与学者等的大力推崇，这些人不一而足，例如浮士德、歌德、瓦格纳与赫尔曼·黑塞。"不要看轻了德国大师"，瓦格纳为他所崇拜的汉斯·萨克斯如此大声疾呼；这与波顿在《仲夏夜之梦》中对他伙伴们的称呼相比，可是大异其趣。大师一词，源出中世纪的行会与大学。时至今日虽渐褪色，仍然普遍通用，但"思想大师"（Denkmeister）却未曾如此风光。意大利文中的"大师"（Maestro），除了在谱曲与表演的领域之外，多有嘲讽意味。思想（Pensiero）一词则不仅专指抽象观念；这词会出现在戏曲领域中，却甚少与"大师"连用。

另一方面，在法国哲学、文学、科学、政治等领域中，这词的指涉与形象却表示着重大意义。大师（Maître）这个称谓，从古至今（尽管这光芒逐渐黯淡）都普遍运用；尤其在法律界一直持存着。尽管我还不够格，但常在口头对话与书信抬头中被人家称为"亲爱的大师"，并亲切地回应。这个词的多种用法，现在也延伸到"信仰导师"与其女助手的关系中，像是：弗朗索瓦·德萨勒与让娜·德尚塔尔、让－雅克·奥列尔与阿涅丝·德朗雅克、波舒哀与科尔尼奥夫人、费奈隆与寂静主义者居永夫人。这些人都追随着埃罗伊兹与阿伯拉尔的崇高指引（magisterium）。我们在西蒙娜·薇依师事阿兰的故事中会再次见到这情形。没有任何西方传统会像法国这样推崇"思想大师"了。说得夸张些，他们在法国究竟占了什么优势？

任何有说服力的答案，都不如彻底分析法国的精神；拉丁、希腊以及基督宗教的色彩，遍布在法语及感性架构中。从罗马帝国征服高卢开始，拉丁色彩便开始弥漫于法国社会中。如同在法庭中的定义一样，法兰西学术院也宣称对语汇及文法有其规范权威（尽管无效）。罗马的荣光在古代王朝（ancien régime）的荣耀（gloire）中，和在拿破仑的扩张底下一样灿烂。

我们可明显看到，无论反对皇室者或帝国至上论者，例如雅各宾党人，都同样深浸于古罗马的风格及象征之中；就像是布鲁图之于凯撒一样。与欧洲各地不同的是，法国的政治艺术（civilitas），在历经了文艺复兴后出现的理性主义与科学革命后，仍保留了对修辞、对辩论辞令，以及对演说训练的重视。阿兰证实了法国一如苏格拉底时代的雅典一样"醉心于论述"，酩酊于对口述的语辞之中。这种狂热弥漫在法国生活各处；肇始于中学教育，彰显于政治之中（这种浮夸的风格在法国的军事文件中特别明显）。尽管历经了法文诗对六步格诗韵和对于双韵对句的雕琢，修辞学仍屹立不摇。路易·阿拉贡与勒内·夏尔尽管风格迥异，都是修辞名家。在法国的自我展现中有一个根深蒂固的特点，也就是对于以纪念性、阶级性及规范性来限制老师（Maître）形象与功能的偏见。由此发展出解构的极端主义与破坏，和后现代主义者的反叛，女性主义一派更是如此。

一九四四年十二月，身兼哲学家、诗人、小册子作家、保皇右派的打手（condottiere）等身份的皮埃尔·布唐，写信给他的师傅夏尔·莫拉斯，之后便因勾结维希政府而受到监禁。他这倒是做得轰轰烈烈：

> 我亲爱的老师，吾师，这美丽的词汇只有在我与您的关系中才是彻底的真实……我对您的忠诚与感激是不灭的，就如同观念与智慧的根源一

样。希望很快地,而且是永远地能再见到您。

我在这一章想考察的是在一八七〇年以后的师生关系。在那之前是十八世纪的哲人们,是著名的伏尔泰、狄德罗,还有《百科全书》。一般咸认法国大革命缘起于政治与社会思想的运动,缘起于伴随着对政治行动的分析论述而起的意识形态论争。这种关联逐步深入到俄国事务,并和知识分子(intelligentsia)的诞生密不可分。吊诡的是,对理智自由与辩论感到戒慎恐惧的拿破仑政权,反而强化了知识的制式教育,巩固了教育层级。帝国将人文培育与科学训练编入法典之中,建立起高等专业学院(Grandes écoles),也就是设有数个不同学院的研究所(Institut)。这些措施所形成的教育力量与服从关系的总体,其影响不亚于经院学派的修道院和教会学校。大学生的制服反映出了拿破仑的期望。然而,在著名的教授共和国(la république des professeurs)中形塑出大师课程的,其实是两个历史环境因素。

一八七〇至一八七一年战败后,法国对于"认真"开始认真起来了。法国认为这次战败不是因为德国船坚炮利,而是因为普鲁士在建立科学及人文的教育制度与思想体系上技高一筹。德国的高中(Gymnasium)、洪堡改革后的大学、研究与学术出版的标准等等,在第二帝国中培育出一群弃绝轻佻、随意的学术风气的学者。军事上的杰出表现是惯于分析严谨的必然结果，而这种习惯的体现就是黑格尔（我们可以看到类似的情形：在一九四〇年法国战败后，法国哲学倒向了胡塞尔与海德格尔）。大仲马在一八七三年说："如今已不是诙谐、轻松、放荡、嘲弄、怀疑与愚蠢的时刻了。"法国现在必须"非常认真"。如若不然，国家就要灭亡了。

在有意模仿柏林与哥廷根的过程中，法国的教育理想采用的是黑格尔的学生维克托·库赞所建立的体系。克洛德·贝尔纳的实验生理学、马塞兰·贝特洛的化学，以及其工业应用，努力追求在理论与实践上获得的成果能够"横跨莱茵河"。左拉的小说传达出这股狂流带来的震撼，以及也适合于文学的新的社会学的、"生物学的"方法与严正。此时有两个主要的声音，这两位使法国重生的大师分别是厄内斯特·勒南与伊波利特·丹纳。受过在德国盛行的比较语言学和《圣经》诠释训练的勒南，在痛苦地面对出现在法国的各种不理性（尤其是罗马天主教）作为时，提出"让我们认真起来"作为革新中等及高等教育的口号。勒南本身是个文笔洗练的评注家，也是个宗教史学者，他敏锐地预见了由纯粹与应用科学所决定的未来。在他改编《暴风雨》的譬喻中，勒南将自己视为教育这国家的普洛斯彼罗。伊波利特·丹纳采用的则是方法论者与社会批判者的风格。他所采取的唯物主义进路，普遍施行于学校教育以及对历史和经济文献的系统研究中。他自己也是从共和时期的罗马开始研究。

法国"思想大师"的另一个源头，是德雷福斯事件[1]。是这出残害同胞的戏码，给了"知识分子"与"教士"（un clerc）——在群众中的牧师——这两个词现代的意义与散布。双方阵营中的教授、官吏、政论家与政客，不时在期刊上掀起波澜，包括从爱国保守派的《两个世界评论》（*Revue des deux mondes*）到夏尔·贝玑（Charles Péguy）倾向德雷福斯的《双周刊》（*Cahiers de la quinzaine*）与青年普鲁斯特的《白色评论》（*Revue blanche*）。两边都有学界的发言人：师范学院（Ecole Normale）的让·饶勒斯（Jean Jaurès）与他的助理们、左拉、列昂·布鲁姆（Léon Blum）和夏尔·莫拉斯等等。从巴黎大学到整个拉丁区都发生激变。每个知识机构，从法兰西学术院（Académie）、法兰西公学院（Collège de France）到公立中学，都分裂成不同阵营。那段狂热年代的遗毒，一直遗留到维希政权的教条与战后"净化"的狂暴之中；莫拉斯在受到反纳粹法庭谴责时哭喊道："这是德雷福斯的复仇。"种族主义与普世人文主义、国家主义的激情与自由主义、宗教信仰与伏尔泰的质疑，无一不折磨着法国。这些争论甚至还牵连到柏拉图与孟德斯鸠。乌尔姆路（rue d'Ulm）上的师范学院成了各种不同思想的汇集处，并直接影响了后来的雷蒙·阿隆、萨特与路易·阿尔都塞。现在各争论领域中的导师，例如福

---

[1] 1894年，犹太裔军官阿尔弗雷德·德雷福斯被控通敌卖国，遭拔阶流放，引发法国内部论战，1906年平反。

柯，都可说是德雷福斯事件的余音。阿尔丰斯·都德、儒勒·罗曼（Jules Romains）、安德烈·莫洛亚、路易·吉尤（Louis Guilloux）等人的小说，都试着与这种知识分子的批评抨击进行沟通。在心灵生活中，英吉利海峡仿佛广阔无垠的大海。

保罗·布尔热（Paul Bourget）在一八八九年出版了《门徒》（*Le Disciple*），在序言中引用了大仲马对"认真"的呼吁。这部小说中朴实的技巧，以及其"对我们的明白企图"（也就是我们所要讨论的主题），却让这本书被弃置不顾。这不仅是忽略了这本小说在当时的冲击，也无视于经常为人所疏忽的后续影响。没有《门徒》这部小说，就没有瓦莱里的《趣味先生》（*Monsieur Teste*）。尽管安德烈·纪德在日记中表达了对布尔热的不屑，在他的《背德者》《梵蒂冈的地窖》，尤其在《伪币犯》中，汲取了不少布尔热对师生关系冷嘲热讽的研究。我相信布尔热的影响也出现在艾丽丝·默多克那些讨论师生关系的小说里头，像是《飞离巫师》（*The Flight from the Enchanter*）、《钟》（*The Bell*），尤其在《哲学家的弟子》（*The Philosopher's Pupil*）中特别明显。

阿德里安·西斯特——布尔热为这书中的人物取名时，实在是匠心独运——将康德所说的纯粹理性当成偶像加以崇拜。他在日常中一直模仿斯宾诺莎那孤寂的苦行生活。他避开人群的日子长达十五年，只为了达尔文的科学唯物论。西斯特的精神导师是丹纳，他的"生理心理学"指引着西斯特的思想:"他整个人的生命可以用一个词来概括,那就是'思想'。"西斯特还出版了广受讨论的《神的心理学》,接着又出版了建立在达尔文与赫伯特·斯宾塞的论述之上的《意志之剖析》。西斯特的座右铭就是丹纳先生那恶名昭彰的命题:善与恶都是有机的构造物,换句话说,分析到底,根本就是化学物质。

罗贝尔·格雷卢是西斯特一个热情的学生。他在一个贵族家里担任家庭教师,还爱上了他年方十九的学生——夏洛特。这份感情导致了自杀,而格雷卢无意驳斥谋杀的罪名。在审判中,对格雷卢这"令人发指的罪过"的控诉,直接指向他师傅那不道德的教诲。西斯特对这荒谬的模糊联结无动于衷。当绝望的学生母亲找到西斯特时,她告诉了他格雷卢的私下告白。这证明了他的清白,也证明了格雷卢悲惨的命运无损于他对这段师生关系的狂热。"请写信给我,吾师,请指导我。在我体内的力量是您的教训,至今仍在。"这些话一直使我相信即使这种惨痛"联系到无垠宇宙的法则……您都是个伟大的医生,是灵魂的大夫"。

读到这段文字,西斯特整个人从根本受到了震撼。三十年来对于追求知识的努力不懈,早已灌输他们"死亡的法则",这毒药遍及"全世界的各个角落"。西斯特扪心自问,难道能有"什么神秘的系绊"要他这师傅对他弟子的行为负责吗?难道有什么本丢·彼拉多的赦免命令吗?这故事的结局是种宗教宣传。布尔热暗示了西斯特可能重返宗教信仰。使法国沉沦的无神唯物论终将溃败。

尽管明珠有瑕，《门徒》却抛出了在道德哲学与社会理论中最为困难棘手的问题。师傅对于弟子的行为举止有没有责任呢？如果有，那范围为何，又是属于何种层面（是伦理的、心理的，或是法律上的）？如果能教导出人的德性，那么想必也同样能教出人的恶性。圣方济认为即使是鱼也有善性；在《奥立弗·退斯特》中的法金，却也是个模范教师。叶芝不无自负地自问，他的诗句中是否对"某些在英国该枪毙的人"宣判了死刑。这问题的核心，是对苏格拉底的审判，以及在伪克雷芒著作《讲道书》中对术士西门（Simon Magus）的谴责。这从未丧失其真实性。被老师要求在克洛德·列维-斯特劳斯的结构主义与法国共产党的马克思主义之间做出抉择时，一群学生选择了自杀。从一九七七年至今，安东尼奥·内格里的案子仍悬而未决[1]。身为一个精通斯宾诺莎和马克思的哲学老师与社会批判者，内格里将极左派视为知识分子的领导。他鼓吹他的学生们投入红军旅以及《第一线》（*Prima Linea*）。在残暴的作为中，学生们犯下了恐怖暴行——尽管确切的罪名为何仍受争议。内格里被称为是邪恶的老师（cattivo Maestro），这"邪恶"的可怕教

---

[1] Antonio Negri，1979 年因"煽动"谋杀首相，颠覆政府之罪名，被判十七个死刑，但因证据不足，未能执行而改囚于牢中，2003 年获释。

师被以共谋罪名起诉,他必须担起杀人的责任。四分之一个世纪过去,内格里还在牢里,但处境已好转了,但他至今仍背负着煽动谋杀的罪名。

我们已经呈现出许多不同的要素。教学是说明魅力的一个显著范例。我们已经见过,而且也还会再见到,爱欲、明目张胆或私底下的性交能够渗入师生之间的权力关系。取悦老师、"吸引他爱的目光"的欲望在《会饮篇》与最后的晚餐中的展现,就和在所有其他课堂中所出现的同样明显。启发教学是杂糅了爱与威胁、模仿与分离的复杂综合,无论是在芭蕾舞、足球,或是古文研究都一样。我们怎能否认,当学生急切希望满足老师的要求,希望按照老师的理想行动时,会造成实际的作为?当老师说"向前走","必要的行刺"就紧接而来了。教导的责任,无论是否被误解,都像卢卡奇所说的一样,将持续到时间的尽头。他这种结果论者的严格主义源出自对尼采的无尽争论之中(尼采本人也是个布尔热的忠实读者)。尼采所赞扬的严酷、超乎常人的种族,以及"超越善恶"的真理,在什么层次上可被视为纳粹主义兴起与盛行的工具?纳粹有什么资格说是尼采的学生?宗教狂热不多半是改宗信仰者的效忠,和殉教者对宗教领袖的誓死服从所孕育出的直接结果吗?

正如圣奥古斯丁所言,教学理论牵涉到自由意志这个谜团。这关联到"即使是上帝的命令与预知能力也不能妨碍人的选择"这个命题。学生可自由地摒弃、重估，甚至认定老师的训诫并非绝对。无数的柏拉图主义者偏好将《理想国》与其激进的优生学视为一种自我解嘲的乌托邦。姑不论马洛的《浮士德》，并非所有的"马基雅维利派"都像凯撒·波吉亚（Caesar Borgia）一样。无论如何被影响，也无论如何被塑造，责任终究还是归于个人的精神之上。

况且，误解的情形又该怎么办呢？许多因为学生有意无意地错误诠释或曲解了老师话中意思的案子又该如何？纳粹主义所采用的种族主义、沙文主义，尽管经常脱离原本脉络，难道不是种扭曲吗？难道马克思、弗洛伊德、维特根斯坦对于那些自称内行人的拒斥中，没有一点真理吗？宗教审判长（Grand Inquisitor）是否有如陀思妥耶夫斯基所设想的，可算是耶稣的门徒？在历史上，有许多大师都只将自己的绝学传授予少数精英弟子，正是指出了这种两难。从赫拉克利特到维特根斯坦，还有犹太神秘教义、儒家学说、禅学等等，师傅们总是不断避免自己的学说受到学生的误解与滥用。要是学生一发狂，放火烧了庙堂，难道这些老师也要被当成共犯吗？

我对这个问题的回答，是乡愿的"是也不是"。尼采对"金发野兽"的嘲讽并不是打造党卫军（Waffen SS）的蓝图，但它确实提供了党卫军一种哲学上的期待氛围。内格里的教诲是说公共暴力的真正根源来自资产阶级的资本主义，而在追求新的社会正义时，恐怖事件势必无法避免，因此无须禁止枪杀重要人物。

但这却提供了结局是无可避免的理论保证。但即使是耶稣也告诉我们他带着剑前来。

我们可看到真正的教学也可能变成极端恐怖的危险组织。真正的老师会掌握到学生的内在深处，会掌握到他们潜在的脆弱处与敏感处。他的手就放在我们的灵魂或我们存在的根本；这种掌握，尽管只是譬喻说法，可以说是一种较轻微的性诱惑。教学若对可能造成的危害没有严肃的领悟、没有战战兢兢的敬畏，就会流于轻浮随便；若不能洞察对个人与社会所带来的影响，教学就只是盲目从事。真正伟大的教学是要唤起学生的怀疑，训练他们提出异议。学校的目的就是为了让学生离开（查拉图斯特拉说："现在，离开我吧！"）。真正的师傅，到最后，应该是孤独的。

法国让自己成了教师的共和国（république des instituteurs），其基础在于"俗世"（laïque）的观念，在于对世俗领域中公民教育的恳切呼唤，就如同以前在教会与其教团一样。在哲学、文学、政治各领域的明星人物，在一生中多少都曾担任过学校老师：让·饶勒斯从事教职，马拉美一辈子都是英文老师，亨利·柏格森在昂热与克莱蒙费朗授业，西蒙娜·薇依是会让一群乡下孩子惊惶失措的老师（institutrice），让-保罗·萨特在勒阿弗尔的中学教书。对教书的着迷也可能带来荒谬的情形：在就职班上，年轻女性可能要学"家政修辞与诗学"。在法国，几乎每天都有一半的人口都像是在准备出题，好给另一半人口进行考试（concours）。

然而，其根本计划与理想是极高尚的。儒勒·拉尼奥（Jules Lagneau）在旺沃（Vanves）当中学老师时宣称："我们是堂堂正正，毫无私心，毫无玄秘地在创造一群致力于个人与社会责任的勇者。"无论明显与否，他们所采用的模型主要来自费希特的理念：文化是自由、道德与政治自由的分支。这种整体性的牵连主要取决于教育，尤其是中学教育。在教室中所完成的每一堂课，无论上课内容抽象或实用，都是教导自由的课程。这种课程，就像柏拉图提醒我们的，"老师的声音比任何书本都更具决定性"。

在教师共和国中，埃米尔-奥古斯特·沙尔捷可说是这国家的统治者。他称自己为"阿兰"。他在欧洲的道德与知识史上，无疑展现出一种领导的气魄。从一九〇六年（德雷福斯平反的那一年），他所造成的影响就遍及了法国的教育以及政治的重要层面，一直持续到二十世纪四十年代晚期。阿兰洗练而清晰的文笔无人可出其右。他恬淡寡欲的正直，吸引了许许多多的学生倾心追随，甚至连拿他与苏格拉底相比都成了例行公事。阿兰是"城市中的智者"，是万世师表（Maître des Maîtres）。除了哲学与政治文章、讨论艺术与诗的论文（例如他对瓦莱里《年轻的命运女神》的解释）之外，阿兰还出版了他的自传。一九三六年出版的《我的思想历程》（*L'Histoire de mes pensées*）是件瑰宝，他在《战争回忆录》（*Mars*）中对战争的沉思也同样深刻。

但是英美世界对阿兰这个名字却毫无所悉,他的著作极少被翻译成外文。为何如此呢?我并不清楚。但无疑地,必然有文本脉络上的问题。阿兰的《漫话集》(*Propos*),是他在一九〇六年到一九三六年间(一九一四年到一九二一年间曾中断),于报章杂志刊载五千多篇包罗万象的文章之精简摘要;这些文章敏锐而直截了当地指出了法国当时政治、社会、意识形态与艺术的种种情形。阿兰写得精简,是预设了大家对这些事的共同知识。对外人而言,或是对二战之后的法国读者以及当今的年轻一代而言,那个时代的背景知识已逐渐消散了。此外,阿兰的文章其实也与他的教学内容产生共鸣。离开这时空背景,离开这个人本身,文章的充沛生命力就荡然无存了。不过,文章中的智慧与温情却不曾稍减。于是我们又要问:那为什么英美人士会对他一无所知呢?

对阿兰而言,生存即是思想,存在就是思想的无际漫流。这种相等的看待可以回溯至笛卡尔与斯宾诺莎,这两位的思想也大量出现在阿兰的教学之中。但这两位哲学家都没有完全承认,更不必说讨论关于思想的"肉体性",以及这与人类身体和世界上其他所有有形物体的和谐一致了。阿兰这部分的思想来自马克思,但这种"意识唯物论"则是他自己的发明。除了阿兰,没有人宣称过柏拉图超人一等地说"上天泛爱凡物"。就像苏格拉底一样,阿兰也仔细地对每一天、对每种工艺与行业、对显然是内在的创造驱力（从木匠的技艺到伦勃朗或巴赫的创作）加以省察并引以为乐。阿兰曾在一九一四至一九一八年间拒受军衔并以士兵身份作战，战争对肉体及心灵的实际影响，亦即有关技术创造与智性分析的结合，让阿兰像苏格拉底一样对此无法自拔。但唯一的实体就是思想，人的存在就是"思想成为现实的过程"。阿兰某些说法与其"柏拉图式的唯物论"，可以与枢机主教纽曼的《为自己的一生辩护》（*Apologia*），以及 R. G. 科林伍德的《自传》相比。《亨利·亚当斯的教育》中的亨利·亚当斯或许非常了解阿兰。但在英美世界看来，这些书根本不值一哂。阿兰的精神高度，在一个把"知识分子"视为笑话的世界里，又能获得什么评价呢？

阿兰的老师是儒勒·拉尼奥，阿兰还为他出版了《忆儒勒·拉尼奥》（*Souvenirs concernant Jules Lagneau*）。拉尼奥在一八八七至一八八九年开设的高三（première supérieure）哲学课，被视为具有重要影响。拉尼奥的信条以一种毫无矫饰——拉尼奥和阿兰把这都留给柏格森了——的璀璨方式加以表述："唯一能有丰硕成果的事业就是活生生的指导，也就是整个灵魂、整个人、整个生命投入另一个完整的灵魂、个人与生命的教学。"尽管终生未曾著述——又是一个苏格拉底——拉尼奥却带出了一群哲学教育人。他告诉他年轻的弟子们无神论是可以防止信仰腐败的盐，他教他们唯有思考才能构成思想这道理。阿兰在这些被他譬喻为如同贝多芬般令他震撼的中学课程里，他吸收了他笛卡尔式的口号"普遍"，也就是对意志自由在发挥道德与理性用途时的绝对忠诚。经验主义者，例如伊壁鸠鲁、休谟、约翰·斯图亚特·穆勒等，都是阿兰崇敬的对象；但阿兰从拉尼奥那儿继承了坚定的"超验主义"（transcendentalism），正如我们已知，这是一种建立在尊崇物质之上的柏拉图式（柏拉图说"真正的创作者是神"）理性主义。从拉尼奥对斯宾诺莎的解读中，阿兰得出了他自己对人类最高善的界说："体会思想的愉悦并全心崇拜上帝。"一如往常，以拉尼奥作为开头；但通过一种个人即兴而生动，看似毫无条理，却又有章法可循的论述，又离开了拉尼奥。这就是阿兰的风格。

这把他从在蓬提维（Pontivy）与洛里昂（Lorient）所担任毫不起眼的职位带到了鲁昂，无可避免地，在一九〇三年又来到了巴黎。一开始，他在普鲁斯特的母校孔多塞中学任教，后来，从一九〇九年起，便转到全国顶尖的（primus inter pares）亨利四世中学任教。他在三年前便开始撰写《漫话集》，阿兰此时的教学声望已如日中天。"我们不是听他讲解柏拉图的理型与笛卡尔，"一个学生回忆道，"我们是亲身体验了它们的存在。完全无须任何媒介。"由于阿兰深信中学教育的重要性远胜过其他阶段，他拒绝了在巴黎大学与法兰西学术院任教的殊荣（不过他有到巴黎大学讲授非正式课程）。这位"诺曼底的小平民"放弃这些头衔，却使他的地位更显崇高。正如法国最重要的出版商说的:"这个伟大的异类、犬儒派、禁欲者、美食家给了我们晨祷的主题。"对年轻的安德烈·莫洛亚而言,他的老师就是在这光怪陆离的腐败社会中的"义人"(le Juste)。

阿兰的冲击,他无人可及的"国家导师"(praeceptor galliae)地位,有一部分来自英美体系无缘得见的偶然事件。在中学教育的高年级班、"师范学校"、所谓的高等专业学院,以及大学之间的分界并不固定。从邻近的巴黎大学与师范学院专程到亨利四世中学来旁听阿兰课程的学生不计其数。反过来,阿兰也到塞夫尔的高等师范学校为年轻女性以及开设给在职学生的夜间部上课。他在中学上课的教室堂堂爆满。一九二八年,约莫有九十位学生与旁听学生安静地看着老师进教室,并在黑板写下"幸福是种责任",或是"我们人类最美丽却不被欣赏的法则就是遗忘"。阿兰与学生的接触相当严格而且极为隐私。但对他的倾慕之情蜂拥而至。当西蒙娜·薇依展开代表失业者的直接行动时,她这位老师表达出不胜欣慰。她是他"孩子般的西蒙娜·薇依"。他教授的最后一堂课在一九三三年七月一日。两天后,受到热烈回响的阿兰再次"认真"上了一堂课。对于前次课堂令人烦扰不安的盛况,他只略微暗示了"对于我们进行正义与仁慈的研究的条件颇为苛刻"。他没有向学生们道别,庄严而缄默(我在 F. R. 利维斯最后一堂讲演也见到相同情形)。人不仅是活着的身份而已,阿兰在极少数自豪的时刻曾说过："人是自己长存的形象。"

阿兰的教学内容变化万千，唯一相同的是他的谆谆教诲；而他的教学原则更从未动摇。对于年轻人，尤其是儿童的形塑教育，决定了政体的健全与否。教学应该将焦点置于略高于学生能力之处，以激唤起他或她的努力与意愿。"我欲，故我在"这句改编笛卡尔的名言"我思，故我在"，在英文中的"欲"（to want）同时表示了意欲及欠缺，这对阿兰而言，比法文的"je veux"更显真实。在一个把"成功"必然地蕴涵着妥协和夸耀个人自身成就的世界中，高超的道德格律着实成果不彰（ne pas réussir）。这种至为紧要却轻描淡写的规范，在阿兰每一堂课中，伴随着他学生所称"阿兰那苏格拉底般的微笑"，传授给每个学生。文笔庄重象征了灵魂的卫生与谦恭。这位大师对于虚矫的卖弄，无论是学生的作文、学者的高论，或是所谓政治家的雄辩，都极为敏感。而历经艰苦换来的思想行动，甚或是谠言至论却可掳获其心。因此产生了阿兰对黑格尔"诗艺"的著名赞颂。

我们必须不断阅读及重读大师：柏拉图（"在柏拉图中的一切都是真理，而这并非意指我们必须相信他所说的一切"）、亚里士多德、蒙田、笛卡尔、斯宾诺莎、莱布尼兹、黑格尔、孔德，还有马克思。把他们彼此当作同时期的人，也当作我们当代的人来加以阅读及重读。初步的反省必然是"一种景仰，一种对作者权威的肯定"。接着便会开始怀疑，甚至是拒斥。但这都立基于某种（可笑的）信念，亦即我们对伟大文本的理解不当，以及不了解会随着文本脉络之间互相关联而改变的丰富意涵。柏拉图可以在笛卡尔之后，亚里士多德也可以与孔德的实证主义和马克思的社会学对话。因此，对于阿兰而言，阅读是最主动的活动。阅读也能加强教师教学的口述能力。文学并不比哲学更欠缺形式，诗甚至可当作个人能力的极致表现（柏拉图就是个顶尖诗人）。阿兰也写了对于巴尔扎克、司汤达、狄更斯与瓦莱里的评论。就其察觉新兴的"科学至上主义"背叛了文学之必需而言，布尔热确实有先见之明。

这些哲学、教育与美学的论述都指向一个共同目的：建立并维系一个自由社会（société libre）。对阿兰来说，这个"自由社会"，照康德式的讲法，必须是对于人类价值的批判与自我批判的成果。这是阿兰最重要的信念。一个国家就是一所学校，是一场所有公民意志都必须通过的考试。与柏拉图和孔德一样，阿兰也认为国家是，或应该是种"道德训育"。这正是柏拉图在《法律篇》中所提及的城邦观念。共和法国的荣耀就在于甘冒内战的风险，置国家安全于度外，只为求得对德雷福斯的正义。在这种信念中，混合了偶尔不太稳定的文化精英统治论、柏拉图的"卫士"、直觉式的民粹，以及对于农工实作的尊敬。这"诺曼底的小平民"始终都是法国的首席教授（premier professeur de France）。

阿兰出现在许多人的回忆录中；也出现在小说里头，例如罗杰·贝苏（Roger Bésus）的《老师》（*Le Maître*）。但师训，尤其在学校教育中，正如布尔热所说的，有其悲剧性的一面。

身有残疾、长期患病、性功能缺陷的乔治·巴兰特（Georges Palante）在布列塔尼许多偏僻的中学，尤其是圣布里克中学（Saint-Brieuc）教授哲学。巴黎大学拒绝承认他的论文。巴兰特也深觉难以继续管教这些学生。他的学生组织了一个"起哄团"（le chahut），他们或多或少的吵闹与嘲弄，让巴兰特的课几乎上不下去（这可不是电影《万世师表》）。在被卷入一场荒唐到连他自己都认为是自己走运的"名誉事件"后，巴兰特在一九二五年八月五日开枪自杀了，但还是有些学生认为他的教学表现极为优异。巴兰特开启了法国左派尼采的研究，也是第一个注意到弗洛伊德的人。一九九〇年，召开了一场巴兰特著作的学术讨论会；十一年后出版了他的著作全集。

路易·吉尤在一九一七年成为巴兰特的学生。他体认到他老师精神中扰人而深刻的原创性。我们在现代法国小说的杰作《黑血》（*Le Sang noir*, 1935）中可发现这精辟洞见。作弄巴兰特的这些人，嘲笑他对康德《纯粹理性批判》的热爱，称他为"纯批先生"。只有少数人接受了他朴实严谨的教诲，吉尤书中主角的名字暗示出了这缄默的魔力：梅林老师。而毕达哥拉斯与恩培多克勒都知道，学生也会变得相当危险。

关于大师的神秘传说，在法国学术生活中有如戏剧般一直不断上演。在包含德里达在内的学生中，曾在玻尔多与图卢兹教授哲学的热拉尔·格拉内尔，是个传奇人物。他的演讲，他对康德、马克思、胡塞尔和海德格尔的艰涩论文，以及他对大学系统的革命性改革构想，在学界被当作神启一样广为流传。作为格拉内尔的学生是份极大的荣誉（honoris causa）。无论他的动作多么夸张，也无论他的文章多么难以译解，雅克·拉康博得了近乎歇斯底里的崇拜与许多的学生。路易·阿尔都塞今日已没什么人研究了，他对马克思的评注被当作是种独断的诡论。但师傅的其人其事，以及其悲惨命运，至今影响仍在。正如格拉内尔所说："尽管哲学只是在历史中开展了一系列的文献，但哲学思想仍属于口述传统。"这种传统的传递，只有通过学校到另一间学校，也就是从大师到另一位大师。

像巴兰特这样崇拜尼采的人，不知凡几。关于尼采的文章，无论是断章取义、误读，或是刻意扭曲地编辑，有如雪崩般漫天盖地而来。对尼采本身及其种种暧昧难明之处已如此之多，无怪乎西方现代性衍生自马克思-尼采-弗洛伊德三人组之说被视为陈腔滥调。但尼采最常被人忽略的身份，是他作为一位老师与教育家的角色。他是一个反学术的学术精英（par excellence）。直到最近出版的尼采年轻时期作品，才使得包括尼采在波恩与莱比锡求学时，以及他在巴塞尔大学担任教授时所写下的哲学与文献批判等众多研究著作得以面世。这些书中满是他过人的学识。在令人难以置信的早年，尼采博士便已成为专精于第欧根尼·拉尔修的专家。他开过关于荷马、赫西俄德、泰奥格尼斯（Theognis）、修昔底德、埃斯库罗斯、阿里斯托芬、色诺芬、柏拉图，以及伊索克拉底的课程。开课地点包括了大学与书院（Paedagogium）。他是极端讲究规则的文献批判家。二十三岁那年，尼采被视为同辈之中最可能成为古典学者的一人。

然而，在这些以传统方法进行的哲学研究过程中，尼采却像是被闪电击中般地产生了怀疑与对革新的意念。难道靠章句训诂的考订就真能重现古代文献的意义吗？难道通常以拉丁文写就的权威评注，能够提供更广大的文化与启发效用吗？这种属于异端的不安，在尼采一八六七年到一八六八年之间写的《德谟克利图斯》（Democritea）中便已酝酿待发。在一八六八年的一封信中，尼采说了个带有强烈暗示性的言辞："未来的语文学（Philologie der Zukunft）。"维拉莫维兹（Wilamowitz）与古典学术教授们后来给尼采贴上的这个标签，描绘出了语文学将向哲学取经，将采纳歌德、席勒与康德的美学理论的轮廓。一八七三年，尼采在讨论"希腊悲剧时期哲学"的论文中，提出希腊悲剧调和了音乐以及"整体艺术形式"（Gesamtkunstwerk）理想的看法，正如瓦格纳在拜罗伊特的成就一样。

这个论证刺激了尼采的第一本著作：《悲剧的诞

生》。正是学术与美学判准之间的内在冲突，才产生出这部令人困惑的杰作之无限魅力。这本书避开了任何大胆而单纯的解读。无论有意无意，尼采教授都使自己令同侪难以忍受。同时，在逐渐孤立的情形下，尼采尝试设计一套教育方式，设计出一套未来人文学科的课程大纲；人文学科这词可是同时包含了限制与积极投入的意义。我们要怎么给真正的大师下个最佳定义？

他在一八七三年的《作为教育家的叔本华》一文中提出了这个问题。我们要三生有幸才能遇见"一位老师，一位礼教大师（Zuchtmeister）"——Zuchtmeister这个词在英文中没有合适的翻译，因为它同时包含了知识与严格的礼仪教导。伟大的老师会"将人重新形塑成为宇宙"。但学术机构无法"将人教育为人"（但丁对布鲁内托先生的话余韵仍在）。要跟上叔本华，就得要进入一片能让我们深呼吸并恢复精力的茂密森林；在那里住有蒙田那样的老师们，叔本华一个人正"兴高采烈"，而那"快乐的科学"（fröhliche Wissenschaft）将属尼采所有。叔本华对教育学生的期待完全落空；几乎到他一生结束前，他的哲学巨著都未曾获人青睐。这位《作为意志与表象的世界》的作者，也和恩培多克勒一样，经历过极使人恼怒的孤立。尼采是他第一个真正的弟子，并将叔本华的少数读者转变"成为其子弟"。

这样的大师如何施教？他带给我们一股向上并超

越界限的动机。当我们观察大师脸上那"向晚的倦意"时,我们便能发现这种激励人心的天分。但即便是叔本华,也"觉得爱是无法教授的"。尼采对陈腐不变的教学与高等教育所做的观察,必然导出更加苛刻的批判。学院哲学家饱受他们自己所带来的空虚之苦。要是有那么一点灵光乍现,他们便会宣扬这东西只能教授予亲近的学生。大学中的哲学因此受到了阉割(Entmannung),毫无生产力。因此,在克尔凯郭尔之后,尼采是第一个看清了学术与新闻之间的联合关系,看透了思想与流言蜚语间的紧密连结。这给维特根斯坦做好了准备。叔本华对那些够资格做他弟子的人说:"对真理的爱是恐怖而激烈的。"尼采还引用了他少数启蒙者之一的爱默生,来支持这句箴言。他也了解到转换论述所带来的危险。

如果爱不能教,那恨呢?在这篇"不合时宜的"短文中,尼采并没有提供答案。而这问题,却值得我们铭记在心。

在尼采日后的生活中,他表明了他对大学的蔑视。在巴塞尔的短短几年内,他的健康已大受威胁。只有全然的独立与孤寂,才能够产生第一流的思想。但是尼采又屡次哭喊着孤独迫使他走向疯狂。他的愤怒在经历《查拉图斯特拉如是说》(一八八三年至一八八五年)的失败后,更加不堪忍受。尼采的书信透露出他处于难忍的孤立之中。他的著作,连一丁点回响也没有。偶有一两个远远传来钦慕或感兴趣的声音(勃兰兑斯和斯特林堡），尼采表现出的感激之情便几近歇斯底里。尼采也把他的书寄给了丹纳，而丹纳不过出于礼貌的表示，就让尼采狂呼备受肯定与认同。事实上，尼采只有一个真正的学生。短命的作曲家彼得·贾斯特（Peter Gast），把他自己的一生都奉献给了这位大师。贾斯特担任他这位饱受折磨的偶像的文书助理、著作经纪人、信差以及房东，多次将尼采从亟欲自杀的绝望中拯救出来。这就是尼采与布克哈特这位过去在巴塞尔的同事交往的背景。初时，他们俩敬重彼此，甚至过从甚密。但好景不长，这位自律甚严而高尚的文化史家退却了。他察觉到尼采混乱又妄自尊大的病症。尼采的崩溃来得温和而毫不意外。对尼采而言，这误入歧途的先知渴望着布克哈特的理解，渴望着引起他仰慕的对象能表现出一点同理心、一点知识上的回应。但他狂傲的呼求却得不到回答。

十四岁的学童也都会有刻板印象：大师的形象就是一位会进到高处，再由高处走下的智者模样；他的教诲会带来学生，但也将使学生离他远去；秘传的智慧藏于寓言之中。在这些青少年对教育故事的印象里，典型的范例包括了恩培多克勒和耶稣，还有佛陀与琐罗亚斯德。摩西从西奈山上下来时，带着明显可见的盛怒：

我站在裸露的崖上
披着暮夜的斗篷，

>　从这贫瘠的高处
>　我看着下头繁茂的土地。
>　我看到老鹰翱翔
>　带着青春的热情
>　与那金色光芒争相
>　飞入永恒的炽焰中。

把这与瓦格纳《帕西法尔》中的克林沙，和尼采在恩加丁所经验到的顿悟混合在一起，就构成了查拉图斯特拉。

这本"第五部福音书"的想法，占据了尼采在拉巴洛（Rapallo）独处的那个中午。尼采从一八八三年一月到一八八五年二月都沉浸在这念头中〔第一本完整合集则要到一八九二年，当尼采陷入他疯狂（Umnachtung）的"夜晚"时才面世〕。这本书的第一部燃起了熊熊烈焰，那是尼采的允诺，是他对挑选出来的学生的启示，以及那之后对整个世界宣告"超人"的到来。大师三度从山洞中下来教导三种人（柏拉图式的说法）：凡人、战士阶级，以及哲学诗人——尼采还为他们想象出一个清静的堡垒（castello）。第二部则充满了失望。大师受到拒绝，甚至被人嘲弄。查拉图斯特拉想要向弟子们揭示"永劫回归"，以及循环时间与接纳宿命的奥秘，却彻底失败。他已声嘶力竭。他所教导的不是"人"，只不过是"人的碎屑"而已。

一般说来，第三部可解读为受到索福克勒斯与荷尔德林影响的戏剧作品。在瘟疫蔓延的城市中，学生们四散奔逃。他们害怕"永劫回归"这讯息。查拉图斯特拉死于一件悲剧性的暴力行为。但尼采弃绝这个剧情。相反地，我们可看到这位智者的大量独白，看到他的"夜之颂"，以及回归到正常人类的世界。第四部初版印了四十本，渴望得到回应的尼采送出了七本，而其内容则是连串谜般的片段。查拉图斯特拉称自己是"人类的渔夫"，这不仅象征了耶稣，也指向俄耳甫斯－毕达哥拉斯式的理想形象，更是卢奇安的《渔夫》（*Piscator*）。尼采在写给巴塞尔大学的同事弗朗茨·奥弗贝克的信中说道："终我一生，我都盼望着有学生跟随。如果我的书不能够当作吸引学生的饵，就失去了它们的用意。最好、最精要的部分只能够从一个人传授给另一个人，它既不能也不可以被'公开'。"查拉图斯特拉在跟这群野兽的交谈中，发现了自己的挫败，他放弃了言说。他得学习歌唱，就好像苏格拉底死前所做的一样。在理想上，查拉图斯特拉必须"舞出他的意义"。

正如海德格尔强调的，查拉图斯特拉自己是个"未来者"（Werdender）。他的教诲极不固定，甚至彼此冲突。这使得师学于他更加困难。即使是创新艺术、音乐、文学，也得创造一群阅听者；因此，查拉图斯特拉的学说，也得创造出一群能听懂大师空前思想的听众。在上帝死亡之后，唯有超人才能够开启真正的对话。没有孤寂就不会有远见；没有听众（无论多么有限），真理就无从启示。但大师是否能够传授给这些可能无法承受其启示的弱者，能否传授给这些无疑会扭曲这些启示的俗人（尼采仿佛已预见了他的著作在纳粹手中的命运）？查拉图斯特拉没有解决这个在所有师徒关系中的两难。尤其在第二部中，他埋怨自己竟无能将自己的秘宝传授给门徒（Jüngern）。一如维特根斯坦，他也明白真正的师从关系会以拒斥作结。真正的门徒只能是"学得跟从自己"的那人。师傅的卓越德性（die Schenkende Tugend）就在于赠予学生一份必须被弃绝的礼物。学生不仅该离开查拉图斯特拉：他们还必须无所不用其极地攻讦与否定他。要是师傅能避开这样的命运，他就会在"伟大的正午"回来。届时，查拉图斯特拉与他的学生们便会一同成为司祭，成为"同一个希望的孩子"：

> 你们之前还没看过你们自己：之后你们找到了我。所有的信者都一样，也因此所有的信念都显得肤浅。
>
> 我现在命你们弃我而去，并找寻你们自己；只有当你们所有人都否定我后，我才会回到你们身边……
>
> 那就是伟大的正午，人类站在动物与超人的中途，并庆祝他的希望逐步迈向了夜晚，因为那就是崭新早晨之路。

但丁也站在旅程的中途。从他向布鲁内托致意以来，有任何比"同一个希望的孩子"更加简明的教学定义吗？

叙述成熟过程，以及通过教育与经验的内在成长历程的教育小说（Bildungsroman），一直是德国文学中的常态。这类小说包括了许多经典名著，例如《帕西法尔》《痴儿西木传》、歌德的《威廉·迈斯特》、默里克（Mörike）的《油漆匠诺登》(Maler Nolten)、戈特弗利德·凯勒的《绿衣亨利》，以及托马斯·曼的《浮士德博士》。对教育的深深着迷不曾间断，即使在过去的东德亦然。"教育之爱"这个想法，浮现在席勒的美学教育与培育计划中；莫扎特的《魔笛》中也赞扬了对道德与美学的学习；罗伯特·穆齐尔的《青年特尔勒斯的迷惑》，则全盘否定了这些对教化与服从的理想或幻想；亨利希·曼的《蓝天使》更是出色的讽刺剧。对这样的传统，尼采的《查拉图斯特拉如是说》则带来了令人不安却难以抗拒的刺激。

除了但丁的《神曲》之外，以最多譬喻手法来诠释师生关系的作品，要属赫尔曼·黑塞一九四三年写成的《玻璃球游戏》或《玻璃球戏导师》(Magister Ludi)了。这本书写于欧洲最粗蛮的黑暗时刻，可以说是一本写给战后世代的祈祷书。它以无比的严肃（尽管有时也十分甜蜜）鸣响着"大师"（Meister）这个名词的种种变化——人生大师（Weltmeister）、音乐大师（Musikmeister）、教育大师（Lehrmeister）。这些声响余音仍绕梁未去。黑塞混杂使用的神学、形而上学、音乐学及政治要素，和对后来的赛局理论及电脑指令的预言不只受到重视，甚至是令人疯狂地着迷。

黑塞的"教育邦"（Pedagogic Province）与教育有其古老根源：俄耳甫斯教与柏拉图的理想国，道家的道与儒家学说，中世纪的修道院与佛罗伦萨文艺复兴时期的新柏拉图主义学院，共济会仪式与通神论。玻璃球游戏混合了犹太教神秘教义的文字游戏、数字占卜，以及克拉尼（E. F. Chladni）在十八世纪晚期对音波可以改变铁盘上沙堆图形的发现。正如卡丝塔利雅[1]的教导与"演奏"一样，从毕达哥拉斯的想象中涌出的宇宙论，认为是音乐构成了宇宙，这也出现在开普勒和叔本华的想象中。在综合了所有知识与记忆的调和之中，我们还能追溯到莱布尼兹和拉蒙·勒尔[2]。这些梦想家还以中文汉字作为他们想象计划中通用而可无限组合的符码。在黑塞的乌托邦里，这种符码约于二〇三〇年（多么令人震撼的猜测）由一个柏森的无名氏（Ignotus Basiliensis）发展出来。这游戏是个"魔法剧场"，在游戏中智性得以将现实加以形式化与解释。一场"大赛"能持续数天甚至数周之久，就像围棋高手比赛一样。知识与未知图形毫无限制的自我展现所构成的网络，是种理性的隐喻，它编织成了宇

---

1 Kastalia，也拼写为 Castalia，希腊神话中的少女，为摆脱阿波罗纠缠跳进一处泉水，淹死后成为宁芙。该泉以她命名。
2 Ramon Llull（1232—1316），加泰罗尼亚逻辑学家、神学家。

宙，并引导人心迈向天体般的和谐。由于担心游戏中的图案会沦为徒具表面意义与装饰，游戏要求必须进行严格的沉思，达到忘我的专注，就像西方避世独居的苦修主义和东方的禅学一样。这些卡丝塔利雅派既不知钱有何用，更不知女色何乐。巴赫众多的赋格曲正是出于这种精神上的苦修。

但这游戏既非神学也非哲学。它纯然是它本身。它以《易经》或海德格尔那种"泰然处之"（Gelassenheit）的理想方式，厘清了智慧的被动与偶然的神秘。当年轻的尼克特（这名字象征着服务与服从）还渴望着确实性时，音乐大师告诫他："你所追求的那种绝对、完备、充满智慧的学说并不存在……真正的神智在你自己，而不是在那些观念或书本。真理是活出来的，不是教出来的。"〔这里的"教诲"（doziert）指的是那些抽象、学术性的观念。〕好一个纯粹的斯宾诺莎。此外，就像查拉图斯特拉所说的，我们每个人都"只是种企图，只是种'进行式'"。在接近这卡丝塔利雅派游戏的高峰，约瑟夫·尼克特开始发现这游戏的骗局，看穿了这游戏在弃绝尘俗一切背后的虚与委蛇。他在即将成为像托马斯·冯·德特拉夫（这名字别有嘲弄托马斯·曼的深意）一样的游戏大师之际，回归到日常生活之中。他成为一个聪颖男孩的家庭教师。尼克特的死，一半是出于顿悟，一半则是出于自我牺牲。黑塞这高妙的寓言，就在印度欢庆"师徒关系"这项奇迹中画下了句点。

同性爱欲低调地弥漫在黑塞的这部小说中。但在"格奥尔格学圈"（George Circle, Kreis）中则显得矫作。斯特凡·格奥尔格是位诗人，也是个出类拔萃的译诗高手。他具现了"宗师"的奥秘（magisterium mysticum）。他深受马拉美影响，设想一种隐秘（甚至是超自然的）又具有强烈政治意味的生活形态。由大师所私下而又公开挑选的"灵魂的精英"，要肩负起重建在堕落国家中的文化与道德价值的重责大任。恩培多克勒与柏拉图的梦想又再次重现了。这个学圈在一八九二年成立，并开始发行期刊《艺术之页》（*Blätter für die Kunst*）。格奥尔格相当豪迈大方，他自行排版印刷他的著作，还把印度的吉祥标志拿来象征着日照。他的《生命的毯子》（*Teppich des Lebens*）尽管深奥晦涩，却明白表示了他的使命：成为老师，成为赞颂德国灵魂的大师。一九〇三年，这位狂歌诗人在慕尼黑遇见了一个十五岁的学生，在他的眼里，这孩子简直就是美的完美呈现。尽管这个名叫马克西曼的男生在一年后便死了，他却被格奥尔格一群人当作偶像般崇拜。一九〇七年的《第七枚戒指》（*The Seventh Ring*）赞颂着一个新的年轻精英，以及庞德所说那种能"当面迎向"更新文明的强硬办法。一九一四年的《联盟之星》（*Der Stern des Bundes*）与一九二八年的《新帝国》（*Das Neue Reich*）宣告着：配得上荷尔德林的德国就要来临了。这两本书很快地就吹起了一股强大的旋风。纳粹想将格奥尔格的精英奥秘纳为己用，但格奥尔格体认到希特勒主义是对他宗教式领导的拙劣模仿。他才应该是真正的领导人（Führer）。格奥尔格离开了故乡，在一九三三年末逝世于瑞士。

格奥尔格的学生包括了诗人、历史学家、学者，以及对军事与外交充满企图心的爱国青年。与海德格尔的故事一样，这个同样暧昧的学圈中也包含了犹太人。而这戏剧般的模范则是《会饮篇》中所出现的情境，只是当时登场的人物都穿着古装。我们可以在其中发现拣选、强烈的信赖，以及偶发的背叛等典型。格奥尔格对他学生的私事都具有决定性的权威。要脱离这学圈是不被容许的。被驱离这圈子，就等于是被判了"死刑"。有些人，例如胡戈·冯·霍夫曼斯塔尔是自己求得了解脱。鲁道夫·博察特（Rudolf Borchardt）这位本身便足以显示其重要性的诗学家，则变成了一个难缠的敌人。接触大师，确实会改变一生。

格奥尔格学圈极为强烈地展现出一种在十九世纪末到二十世纪初的普遍现象。只要看看剑桥使徒（Cambridge Apostles）、围绕着布拉瓦茨基夫人，连叶芝也加入的伪玫瑰十字教派（pseudo-Rosicrucian cult）、英国艺术界的前拉斐尔派兄弟会、凯瑟琳·曼斯菲尔德也加入的谷尔帝夫教派（Gurdiev cult），以及布卢姆茨伯里艺文圈等团体，就能明白。为什么这情形如此蓬勃？唯美主义要在工业化与大众消费社会中的外行人（vulgus profanum）中才会迸发出来。这各式各样的"团体"都共享着一种源自尼采的信念，认为只有在某种神秘启示与学习中才能绽出新天地。即使在萧伯纳特殊的社会主义中也能看出这种思想的痕迹。美感"导师"的兴起，或许是对于出现在列宁主义、法西斯主义，以及国家社会主义中独裁政治理想与领袖人物（Duce）的一种潜意识反动。纳粹还创造出神选的雅利安民族，以及党卫军誓死效忠的粗俗神话。

格奥尔格的教导如今多只徒余空洞的回音。但这故事的悲剧结局多少填补了这空洞：一九四四年夏天，一群计划反希特勒的格奥尔格学生惨遭杀害。

拣选成员、学习，以及背叛等种种典型，都是从事科学研究、理性判断与普遍性理念等活动的重要特征。我们这简略研究，没办法详述弗洛伊德与他学生之间的悲喜剧；而这份师生关系还发展出在讥刺中偶尔显得滑稽的二手研究。弗洛伊德给了他六个学生刻有谜样魔力花纹的戒指。他和学生们形成了格奥尔格所称的"第七枚戒指"（Der siebente Ring）。这些选民要守护心理分析学派的正统，并使这正统在大师死后永垂不朽。但这却爆发了对弗洛伊德最为信赖与认同的"太子"大位的觊觎。被心理分析学派认为是压抑同性爱欲的"移情作用"，在此显露无遗。这反叛的结果，是荣格、兰克、阿德勒创出了自己的学派，并对师傅的学说多少带点苦涩地加以反驳。而威廉·莱希（Wilhelm Reich）更成了最愤怒的批评者。

尽管哀伤，但弗洛伊德必定不会对此感到意外。

他以俄狄浦斯为中心的解读，正符合了这种弑父的作风。文明正是从谋杀父亲才开始兴起的。将自己视为摩西，将心理分析学派的命运视为横越沙漠的漫长旅程，弗洛伊德必也早就料到荣格会成为亚伦，而阿德勒会变成"犹大"。

在以埃利亚斯·卡内蒂为蓝本的《飞离巫师》中，默多克确实掌握到了学生的愤怒。师傅常成了"邪恶的化身"，他的"强硬作风"，和他这学派所要求的"全体利益"，都令人不堪忍受。默多克在对"米莎·福克斯"（Mischa Fox）的描述中，透露了对弗洛伊德的深刻感触："故事的曲折总是发生在最后一刻，而且没有什么明显的道理，对权力的主张以及复杂情结的线索，都是在那之后才出现的事了。"学生们逃离或承认背叛了师傅，如此才能将自己从不胜负荷的大师魅力中拯救出来。

用海涅的话来说："这是个老掉牙的故事，但听过这故事的人们却都已心碎成两半了。"

五　大师在美国

可能有人会说：我这本书就像其他所有的书一样，会丑化美国。轻蔑美国已经成了一种常规。"主人"（Master）一词不免沾染了一些奴隶制度的污痕。不过，美国也曾有过（现在也仍有）伟大的老师：包括了第一个也是最重要的拉尔夫·沃尔多·爱默生，以及小奥利弗·温德尔·霍姆斯、查尔斯·艾略特·诺顿、约翰·杜威、玛莎·格雷厄姆等等。尤其在农业时代的美国，"女老师"几乎是民间故事的要角。但欧洲文化中的形式脉络、明显的知识阶层与教诲权（magisterium），以及不取报酬的知识分子所具的社会声望，对美国学界而言根本无足轻重。美国学术就像是从亚当般的无知开始发展，他们的才能不是通过学校的教养（doziert），而是自己奋发图强得来。模仿英国"寄宿学校"的精英中学，尽管有些别扭，也得符合平等主义及平民主义的社会正义理想。德国的高级文科中学（Gymnasium）、法国的高等专业学院——这些学校对饱经战乱而粗鄙的欧洲有什么好处？——所扮演的公众角色与神话，跟美国完全无关。也因此

"亲爱的大师"一语也没办法译成美国用语。所以，我在此把这头衔献给一位美国人的举动看来也是十分不寻常。不过我们已经谈过，亨利·詹姆斯有个纯欧洲说法的"大师"称号，就跟屠格涅夫和福楼拜一样。当代美国人（包括威廉·詹姆斯在内）会觉得这种用法相当陌生，甚至极为可笑。但亨利·詹姆斯所留下的教训却是极为深刻。他的日记，读起来就像是自己对自己的指导，像是个批评家在指导、鼓励与威吓创作者如何完成指定作业。

詹姆斯撰写的《大师的课程》多少受到都德生平的影响，这篇文章刊发于一八八八年夏天，比布尔热的《门徒》还早一年出版。保罗·欧佛特（Paul Overt, Overt 有"故意的"之意）是个"有志青年"，他认为自己对"精致独创性的根源"——也就是"被误解的伟大小说家"亨利·圣乔治——"责无旁贷"。尽管后来不再创作，但"这位仍有可宥的大师"倒是确实完成过一件完美的艺术作品。这件作品引起了欧佛特的无限遐想，但他也不得不发觉到这位大师的状态实在不能称得上是个实践家。尽管圣乔治自称是个"筋疲力竭的枯槁野兽"，他仍希望能和大师形成师生间的"融洽关系"。而圣乔治教给他的，与詹姆斯的小说《大使》中的兰伯特·史垂瑟所受到的教诲截然相反："等你老了，可千万别变得像我这样——只是个崇拜假神明的可悲实例了！"这个著名的小说家早已落入了对尘俗的崇拜。他又说："待在家里，要不就到这里来做些事——做些适当的题目。"而欧佛特的回答是:"我会照你所说的一切去做。"

詹姆斯通过圣乔治的口来赞颂美的生活:无止尽的"概念一个个地涌现,远超过现实所能掌握,并且展现出永远都有该完成的事物"。"表面完美"是最糟糕的事。詹姆斯这种"生机论"与尼采的想法极为相近。圣乔治那四十大卷的作品,最后终究只被当成一堆纸浆(papier-mâché);所以他全都卖了。他背离了那真正"伟大的事物";他无法兴起"已经完成了最佳杰作的感受,那种理智已经奏出自然所赋予最美音乐的感受,那种使其如其所应是的感受——那是大师所拥有的真实生命的感受;没有这种感受,就如同死亡"。而婚姻,对此则是种障碍:"女人对这类事物毫无概念可言。"(同样地,这又是尼采的想法。)但学生若是想替师傅将这么多的想法出书,"那无异是朝自己脑袋开枪"。真正的作家必须"能够接受穷困"。这故事的结局相当无情——大师对他的徒弟说:"我真恨不得你老早就离开我。"

最能传达这种生死攸关的,是叶芝在《抉择》一诗中的名言:"完美的生命,或是完美的成就。"詹姆斯在小说结局显得有些犹豫:圣乔治的巨著《徒唯幻影》写得行云流水;但在欧佛特看来,他已变成一个"嘲讽狂魔"。就像传统美国小说一样,浮士德故事的情景在此尽显无遗。

尽管亨利·亚当斯对诸如圣奥古斯丁、蒙田、卢梭等内省典范细加关注，但一九〇六年自印的《亨利·亚当斯的教育》仍是一本彻彻底底的美国作品。从亚当斯作为一位历史学家，以及从他对阿尔伯特·加勒廷与约翰·伦道夫所撰的传记，还有他在华盛顿的经历看来，他实在是美国投入政治活动的典型。教育的关键在于公众生活。然而，在知识分子的良心顾虑与一般民众的不道德之间的冲突，却带给他无比的失望。《给老师们的一封信》暗示出在所难免的失败，亚当斯在沙特尔亲眼见到这篇文章所"激起的欢庆直冲云霄"。说起来，这种意象正是精神活动与教育的理想。然而，由于政治因素以及在个人能力和理解力之间的晦涩关系，使这篇文章终究功败垂成。R. P. 布莱克默在一九三三年新政背景下所提出的一篇论文中精简地指出：亚当斯这篇文章是"教育的理想典型；但是相映于停留在教授传统成功理想的一般教育，这教育便不得不迈向失败"。因此，亚当斯"心中的盼望，成了他灵魂的绝望"；而灵魂在阿奎那的想法中，正是源源不绝的才智之所在。亚当斯曾盼望一些名垂千古的杰出立法者能够消弭这道鸿沟；但他一仔细衡量林肯、加里波第、格莱斯顿（Gladstone）等人，就觉得这些人实在过于肤浅；也因为这样的憬悟，让他写出了《亨利·亚当斯的教育》这部经典。

亚当斯从年轻时就开始审慎地寻求大师。哈佛大学是他最先遭遇到挫折的地方："在这里整整四年的努力，其实在之后人生中只要任意四个月就能轻易达成。"唯一的例外是路易·阿加西的古生物学与冰河时期讲演课，这些课程大概引起了亚当斯对于俗世的兴趣。接着，德国的学问对他招手：歌德直可媲美莎士比亚，康德更是超越柏拉图的立法者；詹姆斯·拉塞尔·洛厄尔早已从德国引入了专题讨论课程。亚当斯首次感受到"感官教育"的冲击，来自安特卫普大教堂与鲁本斯的《耶稣降架图》。他感受到"这城市的品味是如此浓厚成熟，就好像是香醇的美酒一般"。亚当斯跪倒在鲁本斯的画作之下，"只感到对于不得不再次站起并回到愚昧生活的极端厌恶"。对他而言，德国的高等教育"几乎成了一种可供控诉的烦扰"。"海涅那可笑的犹太笑声"在柏林大学与德国市民文化的空洞虚荣中不断回响着。贝多芬的力量更是深深撼动了亚当斯："在所有教育的惊异中，这是最叫人惊叹不已的。"但这音乐经验却"不能被视为教育，因为聆听者并未全神贯注于音乐上；而是想着其他的事物"。后来，亚当斯花了四十年的时间才进入瓦格纳《尼伯龙根的指环》的世界中。

这些特别的记载，一般人自然会怀疑、困惑，并觉得自相矛盾。这些记载不只阐明了亚当斯熟习康德与席勒对学校教育中的德育及美育之区分，也说明了他对世纪末唯美主义以及像沃尔特·佩特那种柏拉图主义的怀疑。亚当斯在安特卫普推翻了他自己先前的领悟，看来像是与詹姆斯的"大使"在罗马古城切斯特（Chester）的古老光辉中所得到的想法相左。这或许是由于亚当斯不了解朗本（Julius Langbehn）在《作为教育家的伦勃朗》（Rembrandt als Erzieher）中，将艺术上的卓越与国家命运视为同一的想法，而朗本这部论著也特别关切贝多芬所扮演的"日耳曼的、伟大的"角色。

尽管詹姆斯与亚当斯都未曾参与南北战争，但仔细比较这场内战对两人间接的重大影响，或许能有些答案。对亚当斯而言，这场战争"要学生成为牺牲品，并对他的老师进行严酷的判断"。这种体认毫无欢愉可言。"要摧毁个人的偶像会使人痛苦，而卡莱尔就是这样的偶像。对他高度成就的怀疑一直漫入无边的黑暗中，就像是落日余晖中的阴影那样。而且不只偶像崩溃了，连信仰的习惯也遭到破坏。如果卡莱尔果真也是个骗子，那他的学生与任教的学校又算什么呢？"伟大的诗人雨果、兰多（Landor）都令亚当斯感到厌烦。那些只手遮天的组织者及俗世预言者又是如何？但亚当斯在转投入马克思主义的时候，还是带了"一丁点新英格兰人的特征"。而马克思主义所带来孔德的实证主义，以及对地质学的接触，让亚当斯接受了达尔文的演化论。林肯严厉的国务卿威廉·亨利·苏厄德确实是个"智慧教师"，但他却阻断了亚当斯的生命与政治期望。与詹姆斯一样，姊妹路易莎·凯瑟琳突然从马车上摔落的死讯，成了亚当斯一生的转捩点："最后的一课——教育的总结与终结——就从那时候开始。"纵使前程远大，却有如笼罩在印度夏日的无常阳光之下。身为哈佛教授（亚当斯认为自己不够资格担任这职衔），即使他曾经堂吉诃德式地"看待教育……现在也必须背弃这种想法"。"从芝诺到笛卡尔，还有托马斯·阿奎那、蒙田与帕斯卡尔，我还是像一八六〇年的德国学生一样地步履蹒跚。只有靠着绝望的本能，我才能使自己在吃过许多看来更有前途也更受欢迎的机会的闭门羹后，进入这古老的无知之林……教育的奥秘仍深藏在无知之后的某处，而我仍一再笨拙地摸索着。"在这本迷人（尽管有时显得零碎）的回忆录里，主要的真理默默渗入了读者的觉察之中：唯一真正的大师就是死亡。

亨利·亚当斯并未完全弃绝对小说的梦想；他的第二本小说《以斯帖》对他而言，比他那些历史书籍来得更加重要。而这又关联到曾对此有所论述的前辈莱昂内尔·特里林。特里林的《旅程中途》(*The Middle of the Journey*)一直为人所低估，这本书和亚当斯的《民主》(*Democracy*)及罗伯特·潘·沃伦的《国王的人马》都被列为伟大的美国政治小说。但除此之外，特里林还对师生关系之谜详加考察。我们已知这来自双重背景：特里林信奉敏感的犹太教，对于塔木德传统与哈西德传统的关系极为警惕。他对马修·阿诺德的热烈兴趣，让这位学人全神贯注在教育与传授"价值"的关怀上；更何况，"希伯来主义"一直是阿诺德不变的关怀。

在《此时彼地》(1943)一文的描写中，校园生活就像是田园曲一样。当约瑟夫·豪准备面对整学年的第一堂课时，他决定教学内容的开场白要讨论这个议题："我的意见比其他人的更有价值。"选课学生中包括一位"官样正式"的费迪南德·特坦，而破坏也随之而来。豪所指定的题目，对特坦而言却不是个"可以临场发挥的主题"。特坦想要仿效特里林在哥伦比亚大学课堂中的学生艾伦·金斯堡，在他"诡异的嘴边"挂着微笑，把豪当作法文意义中的"大师"（Maître）。而要成为一位令人信服的教师，就得做到像康德、黑格尔与尼采那样。豪隐约感受到他这桀骜不驯的学生"就像是离开阿伯拉尔的老派学生"。特坦所写出的作业，造作、有如半抒情诗般，又充满引人注目的原创性。豪自己也可称得上小有诗才，也早已准备要"安逸地自处"于较不重要的学术位置上；由于特坦的缘故，他开始认真评论这篇作业，并修正他自奉不宣的态度。要命的是，特坦也读了豪冗长的评论，并自承赞赏豪的用意，却蔑视他所做的批评。师生之间的"谅察"已如风中柳絮般难以捉摸了。

豪所开的这门课是读易卜生的《群鬼》。特坦掌握了这部作品的核心，却以晦涩的赘言掩过了他的洞察："噢，这男孩疯了，而这字眼，这种夸张的用法，原本只是为了表现出激烈的欣羡，如今却突然成真。现在我用这字眼，就是对豪明显表示出特坦已经疯了。""看来你被牵连在内了"，院长看过这段文句后，对这位受惊的老师如此说道。但从特坦写给院长潦草字句看来，却又显示出特坦对豪的"爱的力量"。事实上，"可怜的特坦坚决地怜悯着豪，而豪所得到的安慰则是来自特坦那从未受到安抚的心"。医学判断对特坦毫无作用，因为这是毫无人性的"精密工具"所得出的结论；而这正是特坦在毕业典礼上被排挤在外围时，愤怒地紧握双拳对摄影机所下的定义。豪感受到"那男孩重重的寂寞"所造成的严重打击；然而，豪同时又直觉地明白到他才是被怜悯的人，这是他自己的失败。他让特坦成为更悲伤却也更聪明的人。

一九四五年的《教训与秘密》是篇短篇小品文。说理精辟却华而不实的文森特·哈梅尔，教导九名贵妇"创意写作技巧"，而这九名贵妇从未有作品见文于报章杂志。这些胸怀大志的贵妇渴望着能有人指导，能有人"给我们最纯粹的麻药"。哈梅尔带着她们赏析一篇公认的入门文章。但是在这些听众"沉思的休息时间里，带着某种古老而神秘的事物，某种带有潜在危险的事物。色雷斯的女人必须围着俄耳甫斯而坐，直到她们被俄耳甫斯激怒之前都是如此"。曾经提到布尔热（多么令人意外！）的波默罗伊老夫人道出了对这篇文章的无比感动；但斯托克夫人才是真正激起反感的人，她只问了唯一一个老实的问题："这个作家卖得好不好？"

"老师／学生"的复杂情结并不限定在宗教、哲学或文学领域，也不受语言或文本的限制。这情结是世代之间的生活现实。师生情结深植于所有的训练与传授之中，无论是艺术、音乐、工艺、科学、运动，甚或是军事训练等等。对于敬爱、信任、引诱与背叛的冲动，在教与学的历程中彼此纠葛。对学习、对模仿，以及对随后的解放的热爱，就和对性的热爱一样易生危机与不和。在柏拉图式对话（conversazione）中环绕着讲桌不断张弛的张力，在每个画室、每所音乐学校、每间实验室中都一再重现。同样的竞争、嫉妒、承继道统的欲望，以及同样的背叛方式，在每个课堂上都不断重演。到处都可发现我们所提到的三重典范：老师对学生的摧残、学生对老师的背叛与颠覆，以及师徒间的互信互敬。

师生关系也披露出有太多顶尖的艺术都是共同创作。在历史上许多时候，尤其是中世纪与文艺复兴时期，大师身边总是有群助手与学徒任他号令。在大师的背影后面，总有许多助手为他填补画中的背景。艺术家的工作室就是座集合众人技巧，并大量创造出作品的工场。在这样的环境下，即使像瓦萨里[1]这样辛勤地准备证据，妒忌、竞争（有时甚至会赔上性命）与仿作仍层出不穷。同样的情形也发生在音乐学院中作曲或演奏的课堂。在法国人巧妙称呼建筑师的"毕业作"（étude）中，学生与助手得要分群各自设立相互竞争的行号；要是成功，他们便能像纽伦堡的金匠

---

[1] Vasari（1511—1574），意大利画家、建筑师，文艺复兴艺术史家。

或安特卫普的织毡工一样吸引客户上门。外界实在太常想象科学研究就像是奥林匹亚那般和谐，或是世外桃源那样公平；但在大师领导的实验室中，从事科学研究的团队却也可能伴随着层层妒忌与自我本位的激烈竞争：当成果发表时，究竟谁的名字会出线？这种"妒忌"（invidia）在继承的利益愈大以及资金愈不稳定时就愈是剧烈。我们几乎可说在人类的各种事务之中，徒弟往往会变成师傅的批评者、否定者，甚至是敌对者。要是技艺（无论是颜料的运用、小提琴的弓法、蓝图的绘制等等）与师傅的范示和启发无法区分，这样的动力就更显得错综复杂。感受力的高低就是手法技巧的高下。音乐就是绝佳的例证。

娜迪亚·布朗热的发达疾如星火。她从九岁起就在巴黎音乐学院（Paris Conservatoire）就读，很快地就"被认定为前途似锦"。一九〇三年，她得到了第一座合唱比赛奖；十三岁那年，她初次公开登台演奏管风琴与钢琴。布朗热在一九〇四年以囊括所有奖项的优异成绩毕业，并在这豆蔻年华便开始执教，使她的学生对她是又敬又畏。她从一九〇五年春天开始以音乐会演奏为业，开创了以大键琴演奏巴赫的方式，并转向挑战严肃的大型乐曲。一九〇八年，由于只获准得到罗马大奖（Grand Prix de Rome）的次奖，布朗热开始对学术与专业中的不公义进行女性主义的抗议。她那"轻而易举"就能精通音乐的妹妹莉莉所表现出的才华，却让事情愈来愈复杂。一九一三年，莉莉成为有史以来第一位获得罗马大奖首奖的女性；同年，布朗热也打开了作为教师的声望。各地英才络绎不绝地前来求教；她所指导的第一个神童雅克·杜邦，被带来时只有两岁。一群自号"娜迪亚·布朗热协会"的女孩有如蜂儿见到蜜般地簇拥着这位大师。但是，早有传言说因为布朗热所指定的作业太过苛刻，她将升不了音乐学院的全职教授。莉莉在一九一八年三月过世，而她所作乐曲中所传达的境界，让娜迪亚更是忘我地投入了她的使命。在那之后，布朗热成了一位最伟大的老师；她对学生的教诲，仿佛是她对这位比她更加才华洋溢的小妹怀有瑜亮之情的一种"赎罪"。莉莉身后余风尚犹不绝。

娜迪亚·布朗热在一九〇六年收了第一个美国学生。美国的参战促成了法美音乐学院委员会（Comité Franco-Américain du Conservatoire），沃尔特·达姆罗什当时正在巴黎主导这一切。随着战争结束，美国的画家、作家与音乐家纷纷涌入巴黎。由于阿尔弗雷德·科尔托带头争取，新成立的音乐师范学院（Ecole Normale de Musique）总算同意聘任布朗热为终身教授。一所开设给美国人，并由布朗热所指导的法美音乐学校，在枫丹白露成立了。第一位入学的学生是二十岁的亚伦·科普兰。到了一九二五年底，娜迪亚·布朗热已教导了超过一百名美国作曲家及演奏家，其中包括斯坦利·埃弗里、罗杰·塞欣斯、维吉尔·汤姆森、唐纳德·哈里斯、瓦尔特·皮斯顿、艾略特·卡特等人。无论从质或量看来，布朗热的教师权威在音乐史上绝对无人可出其右。而这结果也相当具决定性，学生回忆道："她感觉到美国音乐应该要开始发扬，就像俄国音乐在十九世纪四十年代那样。她给了我们这样的信心。"她的宣示被传达到能够进行乐曲创作的人耳里。因此，科普兰被介绍给达姆罗什以及库塞维茨基（Koussevitzky）。芭蕾舞的生力军德瓦卢瓦（Ninette de Valois）与巴兰钦都被拉入枫丹白露这圈子里。三十五岁那年，布朗热小姐已具有了相当的国际影响力；她的学生形成了一群心存敬畏却又互爱互信的奋斗同志。

在过去学生与仰慕者的殷切期盼中，布朗热在一九二四年十二月第一次造访了美国。她一九三八年在拉德克利夫学院的演讲，至今仍深刻人心。在指导合唱团的时候，布朗热引进了她自己对文艺复兴时期由蒙特威尔第、许茨、道兰德、坎皮恩等人所作圣颂的再发现。她也率先回归珀塞尔与拉莫的风格。一九四〇年，布朗热极为不愿地逃到美国避难；而她的演讲与授课又再次蔚为风潮。回到法国后，经由超过二十三年的备选，布朗热总算获得了巴黎音乐学院的终身教职。她又收了新一波的美国学生，包括梅诺蒂（Gian Carlo Menotti）与伦纳德·伯恩斯坦在内。反叛这位大师的学生并不多：安塞尔（George Antheil）与乔治·格什温觉得她的教法令人生厌；在长期师事后，格拉斯（Philip Glass）终究还是离开了。

在巴黎，梅西昂（Olivier Messiaen）与弗朗斯（Jeune France）已取代了新古典主义；但是布朗热的演讲与星期三的课堂仍有广大影响力。法国作曲家弗朗赛（Jean Françaix）与马克维契（Igor Markevitch），都宣称自己师承这位近乎神话的音乐天才"烘焙师"。而布朗热也持续接触着美国音乐界。布朗热七十大寿时收到了一份特别的贺礼：《纽约时报》的头条刊着"老师万岁"。尽管发苍苍而视茫茫，布朗热的听力却依旧敏锐；她一直教导合唱到人生的最后。一九七九年十月，布朗热以九十二高龄辞世。

布朗热的观点与感受是混杂的。布朗热接受了美国经验，也开设过美国音乐史专题，她从不怀疑欧洲是承续了雅典，而美国则是继承了罗马的传统。由于身旁的学生多有犹太血统，布朗热对纪律、教导权威的崇拜，让她对法兰西行动（Action Française）的法西斯主义，甚至包括反犹太主义深表同情；这或许是导致她不愿意与阿诺德·勋伯格来往的部分原因。她对当代音乐的感受确实反复无常：她在十九岁那年深受"春之祭"所感动，对斯特拉文斯基的回应却显得十分矛盾。无调性困扰了这位先是师法佛瑞（Fauré），后来就教于卢利（Lully）的学生；但她对学生拉尔夫·柯克帕特里克巴洛克音乐的精湛技艺却又欣喜不已。

没有当过布朗热学生的人，无从清楚表达在她教学中所散发的魅力。她的"名言"几乎成了金玉良言：

"我不相信美学可以被教导，除非它与人之间的交流互相结合。"她对她在拉德克利夫的唱诗班说："不要只是尽你的努力，你要做得比你自己更好！""但愿我能够把我最好的部分跟你最好的部分交换。"或是在一九四五年说的："老师就是土壤的腐殖质。你教得愈多，就愈贴近生命和正面结果。在全面考察后，我有时不禁怀疑老师是否才是真正的学生与受益者。"十年后，她又说："我在教书时，撒出了种子。我看看有谁能够抓住这些种子……能抓住、能利用这些种子的人，他们才能够生存到最后。至于其他的人，噗！"在一九七〇年五月的《音乐期刊》（*Music Journal*）上，她说："我们永远不可能足够用心教导小孩……我们必须为那些能够成大事的人尽我们所能，这对我们人类的公义而言实在是很不公平。不过，人类的公义也只是小公小义而已。"（可以想见柏拉图与歌德对此也会大表赞同。）

关于布朗热的教学轶闻多如牛毛。这些轶事诉说着她能立即察觉学生演奏中最细微的疏忽与错误，她对任何虚张声势的作曲或演奏的愤慨，以及无人能及的记忆力。不过，我们还能想象她在其他方面的天赋，造就出学生的才能。布朗热在教学上是绝对的极权主义者；她的中心思想就是天分、创造力绝不受社会正义所支配，这不仅是她，更是她的学生们所抱持的精英主义所认同的想法。她让这些学生有信心成就自己。这是一位大师最重要的奉献。正如内德·罗勒姆所言，娜迪亚·布朗热就是"自苏格拉底以来最伟大的老师"。

对品达与柏拉图而言,以下这点实在明显不过:如果在哲学、文学、音乐之中都有师生关系,在运动中也会有。在美国,教练的形象已经被刻板化了。从穷乡僻壤的高中,到专业顶尖的选手,教练都受到无比的尊重。大学校长(更甭提学校教授)所领的薪水,远低于美式足球或篮球教练所领的天文数字。有位美国总统曾经在对毕业生致词时,向掀起阿拉巴马大学"红潮"的"熊哥"布莱恩特("Bear" Bryant)致敬。但在体育名人堂里,克努特·罗克尼(Knute Rockne)的地位才是真正的高高在上。

罗克尼相当多才多艺:他是化学老师、演员,更是技巧纯熟的长笛手。罗克尼成为演说家,而且就像鲁道夫·瓦伦蒂诺般一夕成名。拥有挪威血统的他,在一九一三年率领圣母大学校队大胜美国西点军校队,这场比赛奠下了日后所向披靡的基础。一九一四年他担任美式足球队助理教练,四年后就被擢为总教练与体育主任。接下来的十三个球季,他创下了一百零五胜十二败五平局以及三次全国冠军如此无与伦比的辉煌纪录。守卫区有传奇的"四人马术师"防守,前场有"七头驴子"拼命争球,圣母队在一九二二年到一九二四年间真可说是所向无敌。这位魔法师改变了战术,在比赛中派上他精力充沛的"突击队",并以T字阵形发动奇袭。就像在球场上般出类拔萃,罗克尼真正的成就在于提携出一群伟大的教练，这在其他任何运动（以及教育事业）中都无人能及。无比出众的他，是老师中的老师，是让学生会为他散播并成就其教导的真正大师。

罗克尼在一九三一年三月于一场空难中逝世，那时已有超过两百位他带领过的运动员成了教练；这里头有九十人在大学任教，更有将近四十人执掌校队。在罗克尼的指导下打球，就意味着确定了毕业后的教练工作。一九一九年的校友球员有十二名成了资深教练，另外还有十一名出自一九二二年班。他们在美国大陆上到处反复灌输着罗克尼的理念。尤其是美国中西部，在密歇根大学与普渡大学，以罗克尼为典范的教练们在美式足球界打造了强队，这耀眼的光芒也蔓延到学术界。而这位大师仍坚持将他所采取的教法坦荡示人。这些教学方法要求像排舞般的细节，以及在进行基本练习时的纪律，这种严格教法带来了无比的信心。罗克尼将学生视同家人：他会给予他们亲密的关怀、提供他们专业与个人的建议、送他们结婚礼物，还会询问家中妻小近况。相对地，这些前圣母队的队员，无论有无担任教练一职，都像是侦察兵一样地观察其他队伍，并向罗克尼一一回报。由于准确地判读了斯坦福大学校队的风格，罗克尼在一九二五年风光地赢下了玫瑰杯大赛（Rose Bowl）。一位忠诚探子所采用"卡内基技巧的预测"，让罗克尼终于能一雪二十三个球季以来第一次在主场战败的耻辱。

从一九二二年开始，罗克尼教练学堂（Rockne Coaching Schools）开始分享圣母大学校队的理念与技巧；并且在十七个不同地点开设暑期班，由圣母大学校队球员担任指导。于是，数以千计的高中与大学老师都采纳了罗克尼的普遍原理与个别的比赛打法。这棵"教练之树"开枝散叶，大大丰收；包括"熊哥"布莱恩特和在威斯康星带领绿湾包装工队的文斯·隆巴迪（Vince Lombardi）都出自这光荣族系；而在圣母大学，法兰克·莱希（Frank Leahy）证明自己是个能创新的继承人。

这整个系谱至今仍极具历史与方法论的趣味。这种在过去原本只是种地方性，甚至可说是封闭的运动——美式足球并不是一般国际语言中的足球，他们不会参加"世界杯"足球赛——如今却成了举国狂热的活动，这绝大部分都要归功于这位大师的天才。还有什么教育的成效能够如此质量俱佳？罗克尼的学生又训练出第三代的领导英才，他们的许多措施仍延续到二十一世纪这正在逐渐变化的运动中。不知怎地，罗克尼确实能够展现并传递一种无懈可击的胜利常识。尽管没有品达的诗句来使他的超凡魅力永垂青史，但在葬礼当天却有超过十万人前往南本德（South Bend）致哀。这比渴仰勃朗宁的文法学家还多。

在美国过去这几十年来，有两种倾向（或者说是病状）侵蚀着老师及学生之间的信赖。

爱欲与教导是密不可分的。在柏拉图以前如此，在海德格尔之后亦然。精神与性欲的调节、支配与服从的调整、嫉妒与信任的交互影响，都是一种无法确切分析的棘手纠葛（列奥·施特劳斯在上《会饮篇》专题时，发觉关于爱的议题最难解决）。这问题的构成要素，比性别、比同性或异性恋之间的区分、比传统认为可以对于年轻学子做的或是禁止这么做的举动之间的划分，来得更为暧昧难明。角色互换的情形不时发生：贝阿特丽采这备受宠爱的孩子，这饱受景仰的女人，成了但丁这旅人的灵魂导师；在莎士比亚的十四行诗中，将指导与欲求、授予和接受形容为双人舞（pas-de-deux），这意象之深远非其他话语可喻。相较于让另一个人将手放在自己最敏感的地方，相较于在教导之中的显与未显之物的可怕，肉体的占有不过是微不足道的小事。一位真正的大师正是妒忌这一切可能性的爱人。

无疑地，在这之中危机重重。理智的爱，胜过其他种种的爱，能渗入到强烈的性欲中，也能引发在心理上或生理上严重剥削的病态虐待。在巴尔扎克、狄更斯的作品，以及亨利·詹姆斯的《一位女士的画像》中，都可见到对这种堕落情形的观察。情感上或专业上对于学生的需求及盼望，以及学生在身心上对于老师关照的依赖，都能够引起，甚至是引诱出性欲。《会饮篇》中的苏格拉底以及在黑塞小说中的鲁迪大师，都能明白察觉到这陷阱；但这却似乎困扰着维特根斯坦。在较低的层次上来说，这种强烈的需求可能引发灾难。如果在教育中、在教学中有什么"违背圣灵的原罪"，那就是以与学生性交来换取鼓励与进步。而这种交换可能是受害者在教学情境中经过算计与抱持着希望所开始的这项事实，让这种交易更显丑陋。柔顺谦卑或许才是最令人难以抵挡的攻势。

对这比亚西比德或那位"珍爱的门徒"更为古老的复杂主题而言，美国所谓的"性骚扰"，已经成为威胁与轻视、讥骂与黑函攻讦的手段了。师生之间表示亲密的语调，以及毫无防备的温情与轻松姿态，如今都饱受谴责。房门随时都得打开，以免用隐私作为借口。许多清白的人都遭受公众嘲笑，甚至被毁于一旦，全只因受到毫无证据或是绝无可能的恶劣指控。这种恶意中伤之风在人文学科中尤其炽盛，因为如今这些学科的学生多是年轻女性，而文学与艺术又不免有充斥情爱内容或暗示的课程内容。已经被证明确有骚扰情事的案例存在，而为了疯狂争夺学术机会而导致滥用的情形也并非无稽。然而，在太多的案例中，这种指控都是出自情绪激动的谎言以及投机取巧的轻浮之谈。可是这代价却极具毁灭性。我们在马密特（David Mamet）的《是非男女》(*Oleanna*)，或在 J. M. 库切以南非为背景的《耻》中都能明白看到。紧绷的清教徒主义及极端的法条主义，曾只是美国史上某些地区才有的病态，如今已四处蔓延。而"讽刺"，这种用以促进理解的力量，如今已比美国精神中的任何时期更令人起疑。

弃绝讽刺、弃绝对荒谬事物的警觉性（这才应该是成人所具有的能力），也正象征了所谓"政治正确"的猎杀女巫活动。而这也同样有其坚定基础：忽略少数民族的历史与成就、忽略北美奴隶制度的悲惨后果、忽略黑人社群对于美国命运的诸多贡献，确实令人愤慨；对长期在男性统治与父权偏见下的沉默女性角色不加闻问与纪念，也同样可耻；还有，我们对伊斯兰教的刻意忽略也是一样。这种不公义的时代错误，必须加以纠正。

但随之而来的，却往往是对这种责任论述与学说的歪曲模仿。天花乱坠的谎言与陈述、平民文本、次知识与反知识等等，如今都被捧上了天。这些已体制化了的假学术，抛弃了教育中不可或缺的要求，不只没有为非洲裔美国人或墨西哥裔美国人带来解放，反而给他们带来新的贫民窟。重新改写的历史变成了一桩笑话。事实真相是无论好坏（我花了毕生精力在探究人性与无人性之间的相关性问题），我们西方的传统就是来自耶路撒冷、来自雅典、来自罗马。我们所认识的字母，是由那些"死白人男性"所发展出来的。我们文学、哲学与美学的标准都以欧洲与北美为核心，而且常受到外界所影响，如今又因种族的多元性而更形丰富。把索福克勒斯、但丁或莎士比亚视为受到帝国主义、殖民主义的心态所污染，无疑是纯粹的白痴蠢话；把西方的诗歌或从塞万提斯到普鲁斯特的小说看作"男性沙文主义作品"也实在是过于盲目；只因受到语言破坏与缩减的压力就放弃了文法与词汇的创造力，也是一样的糊涂。巴赫与贝多芬实现了人类努力的极致，远超过饶舌音乐与重金属音乐；与济慈的洞见相比，鲍勃·迪伦的歌词实在过于无知；这道理是（或应该是）自明的，无论这信念背后有什么样的政治与社会意涵（而这些意涵也确实存在）。

除了少数特例外，许多教师再次背叛了自己的使命。学者、文化批评者、历史学家都像狼一样地嗥叫，希望能讨人欢心或得到宽宥；悔罪的受虐狂有如雨后春笋般涌现。而这些人就是那些为了追求真理、为了追求清明的判断，冒着不受欢迎的危险，在他或她接受自己内心中无声的感召时，打破"希波克拉底誓言"的老师们（以及受惊的院长们）。课程大纲、考试过程、大学教职、出版与资金流琐碎造成的结果，是有百害而无一利的。在今日的人文学科中，有着太多课程列表都还残存着从早已不教授的内容以及被禁止探讨的问题所遗留的幢幢鬼影。

我们可以看到在礼拜堂猎杀女巫运动与推动政治正确两者之间的相似处。对于在非洲奴役制度的起源与普遍性，与对于引用希腊思想中对这种制度的倡议，以及对于全世界都须遵采西方语汇和教会教本的基本陈述，已经钳制了其他言论的产生。老师与学生被紧紧追逼着，而假称"修正主义者"的这群人则大受褒扬。在科学界就不会发生这种蠢事，这关键的一点常被人忽略。阿基米德、伽利略、牛顿与达尔文的传统从未受到这种威胁（我这么说并非刻意忽略印度的数学或中国古代科技）。在科学界，要以种族、性别或意识形态为根据来唬弄，更遑论造假，在人力所及的范围内是办不到的。科学中的正确是取决于方程式，而不是卑鄙的政治。我猜测，就是这种区别，使得科学具有不同于人文学科的声望与尊严。

美国最好的小说家已经点出了这种病态。菲利普·罗斯在二〇〇一年出版的《垂死的肉身》一书中，对人心粗鄙的描写想必是有意的安排。老师傅与他年轻的学生活在诗里头的狂暴"性混乱"中，企图寻求在性方面（一如年老般）折磨着叶芝的想象形式。就和教学一样，性这座桥梁必然也跨越了年龄的鸿沟。"是我让她主宰了我"这句话实在一针见血。"在图书馆里吹箫，简直就是校园生活中的安魂弥撒"，这不仅描述出学生的服从与束缚，更传达出讽刺而喧闹的欢欣。"性也是对死亡的报复。"在这主题中，罗斯刻薄的机敏口吻就转为嘲讽而哀伤。对叙事者而言，"教导主义就是我的宿命"。必须要推翻并规范"师生间禁忌的娇弱激情"。在这些一厢情愿的年轻女性中，在这些令人陶醉的"贫民窟女孩"里头，暗藏着神女。究竟是谁在骚扰谁？

索尔·贝娄早一年出版的《拉维尔斯坦》则显出不同的另一面。想象有个人，受过古典教育训练，犹如扮演福斯塔夫的演员,对心灵与感官生活都抱持着厚颜无耻的精英主义,而且早已名利双收,过着近乎挥金如土的生活。这其实正是阿兰·布鲁姆教授与其巨著《美国精神的封闭》的写照。拉维尔斯坦那柏拉图式的想法,继承了马基雅维利与霍布斯的观点,更受到了芝加哥大学的智者列奥·施特劳斯的影响。拉维尔斯坦有他自己的一群支持者:"成员是他之前在政治哲学课的学生与毕生好友。他们大部分都受到拉维尔斯坦的训练,就像拉维尔斯坦自己在达瓦尔教授底下受到他那套私传语汇的训练一样。"拉维尔斯坦这群人中,不乏顶尖的公务员、记者,以及智囊团的成员。通过电话,他们无论人在华盛顿或巴黎都可以持续参与"讨论他们二三十年前读过的柏拉图,或是洛克、卢梭,甚至是尼采"的专题研究。大师的课毫不留情面:"他会告诉你关于你那淡薄的灵魂,正快速地萎缩——而且愈来愈快。"

拉维尔斯坦要他的学生记得"与尼西亚斯和亚西比德要比和牛奶车或是杂货店来得更熟悉"。愈是幸运,愈是有天分的人,就愈能够通过柏拉图与迈蒙尼德斯(这两者均列在施特劳斯的课程大纲里),被引导到"比莎士比亚更高的人性——直达尼采并超越尼采"。拉维尔斯坦的助手看待这位大师,就像是篮球迷看到迈克尔·乔丹这位篮球巨星一样地崇拜。在这么极端的美式譬喻中,拉维尔斯坦被提升到超越世界之上,即使他当时正"在可看见冶钢炉、灰烬尘堆以及盖瑞（Gary）市区的街头垃圾之处"解释柏拉图的《高尔吉亚篇》。对他们而言，这个"连便宜糖果与非法哈瓦那雪茄都贪得无厌的人，他本身却是个伟大的天才"。这群年轻人"为他疯狂"，模仿他的走路姿态（就好像我看过有些年轻科学家模仿奥本海默的走路姿态一样）、模仿他神秘的音乐品味，以及他日渐奢华的衣着。

但贝娄并未在重要关头处退缩："你知道，他是个老师。教书，那就是他的天职。我们是一群老师。千百年来，犹太人一直在教导，也受人教导。离开教学，犹太社会根本不可能存在。"拉维尔斯坦和他的朋友贺布斯特（Herbst，这名字是秋天的意思）得出一个结论："我们不可能摆脱我们的根源，我们不可能不是犹太人。而拉维尔斯坦和贺布斯特，延续他们的老师达瓦尔（贝娄是否联想到了保罗·肖里？）的路线所教导的这些犹太人，是永无救赎的历史见证人。"我们稍后再回到这个问题上。

爱欲与古典学术两者相去不远；尤其在听过希佛（Sypher）先生所教授安东尼·赫克特的《凯撒之谜》中那句"童山渐濯，馨香盈袖，温文尔雅"后，更是如此。当学生误解了《高卢战记》时，他以无比沉静的耐心聆听，脸上"还带着神秘的微笑"。尽管"侵犯并扭曲了文法规则"，

他们却颇喜欢希佛老师，这仁慈的好人，

宽容的评分者。他是个鳏夫吗？
有人怀疑他几年前曾失去了一个孩子。
他们也经常纳闷着他究竟想些什么。

当他冷静地注意到他们踌躇而粗野的
努力时，他并未推想是这个男孩或那一个
能够做受孤寂无情祝福的心眼
所见到的安提诺乌斯。

这里所提到的，是静静地开放给所有人，却只有高文化修养的人才能看懂的"密码"。安提诺乌斯，是个孤独的斯多葛派皇帝心爱的男孩。教室与拉丁文课程仍出现在这片新世界——尽管这新世界其实也非常古老。

"住在加拿大"的安妮·卡森（Anne Carson）或许是最内向、最神秘的当代诗人，但她的精神却是深深属于希腊史诗与抒情诗范本。希腊音韵学以及苏格拉底对斐多对爱的讨论，启发了她的诗作。但在拉丁文课中，她顿悟了注定失败的命运：

晚春，晚暮，冗长的被动式，
我为某些原因回到了座位上，
而他就在那儿。

说明语句条理的语法成了预兆：

提出分析毫无用处
做出不真实的建议也是相同。
如若如何早已成局……要是怎样可能早就
发生，等等
拉丁文老师的语声
随着平静的波浪起伏。被动式
极为冗长
可能代替未完成过去式或过去完成式
虚拟语气
在一个与事实相反的情形中如此。
阴谋也如此进行
他们将会抓了奥托，而他们之前毫不
惧怕夜晚的危险。
我为何
将这句话铭记在心
仿佛习得在三小时前而非三十年前！
尚无一点保护，而今已然夜深。
他们果真要害怕这危险。

是谁说美国与（或是）加拿大的心灵正走向封闭？

六　不老的智慧

我们现在已经"揭开面纱"。没有任何社群、信念、教训或技艺能够没有老师与学生、师傅与徒弟。知识就是传授。在这过程中，在这改革中，无论如何直言不讳，过去已成现在。师傅们守护并坚持着缪斯的母亲：记忆。徒弟们则增强、散布或是背叛这根个人与社会认同的支柱。我们已经看过这些动力如何彼此互动。一位孤僻的大师不愿或不能分享他的发现，这概念在逻辑上虽然是可能的，却相当接近矛盾。虽然我们也已经注意到因为担心落入邪恶手中而拒绝传授信条或发现的例子，但我们要怎么来认识"哑了的弥尔顿"？

要"掩盖"知识领域是个荒谬的想法。我们对人种论、人类学、历史与科学专家以及语言的需求，远远超乎个人所见。要精通萨满巫术、精通卡拉哈里或南太平洋地区的信仰传奇，以及在非洲与南亚，要拜师学习经常是秘传而不为外人所知的伊斯兰文化，仅有少数（甚至没有）专家有这样的机会。即使是最成功、最全球性的信仰、意识形态、科学理论与技术，也不过是在能深深触及人类经验底层的教育中的冰山一角。占星学家的人数远比天文学教授来得多，他们对于意识更基本、更"整体性"的影响可能也比天文学家来得更大。

尽管我欠缺相关的语言与文献能力，让我所引述的参考可能不尽正确，我们仍然要提到两个传统，或者基于他们的资格与丰富性考量，该称为"两个世界"。

贝娄说："离开教学，犹太社会不可能存在。"犹太教向来是个毫无妥协余地的教育，其教育处境深植于犹太人的一神论之中。从亚伯拉罕以来，上帝与犹太人之间无止尽的对话，在各方面都展现了对一个民族的威权宰制，而这民族对他十分崇敬，他们顽强不屈，却又恭顺服从，最明显的是他们爱好发问的天性。由上帝分享给摩西，并经他传布的教律（"托拉"）、启发了大卫的《诗篇》，以及关于众先知与箴言的众多书卷，形成了日常指引与使用的要目与范例。犹太人一直都受到考验，这可不是苏格拉底所说的那种"受检验的生活"。这民族的生命有多长，其教学就有多长。这个教育关系中特异的一点，是在于对话的范围：从狂喜的崇拜与服从，到苦涩的讽刺挖苦，还有《约伯记》中的道德声明都包括在内；也包含了祭司的回答、礼拜仪式中重复上帝的话语，到提出异议甚至提出控诉（例如策兰那绝望的"反《诗篇》"）。具体而论，犹太教的存续决定于这千百年来在教室或会堂中、在塔木德学校（Talmudic school），以及经常是在个人意识中神秘的"复名"指导的交流之中。就像犹太笑话所说："在我打断你的时候，千万别对我说话。"以色列的神，就是世界这所私塾（shul）的校长。

正是这份对这教训论述的忠贞，让犹太人即使在国家与物质条件都被破坏殆尽的情形下，还能保存犹太人的认同。在历经圣殿被摧毁与罗马的统治后，阿吉巴与他的弟子们仍热切地延续着对教律的研究与注释这项至关紧要的工作。塔木德讲师、教师与注释家这条从未断绝的系脉，在流亡与受迫害的情况中仍不断涌现。连死亡集中营里头，都还有拉比教课。由一定的拉比权威所要求每天都必须研习教律的命令，甚至超越了要敬爱与荣耀上帝的诫命，让研习教律在实际上成了这份爱的法规。因此，教师在犹太传统与社群中拥有无可比拟的名望。也因此产生了维特根斯坦忧郁的直观：犹太人所具备的是研究与解释的天才，而不是创新的天分。除了上帝所创造的以外还需要添加什么呢？犹太人的家乡在经常翻阅的文本之中，是永无止尽的评注的题材（参考弗洛伊德的"永无止尽的分析"），而在地表上的祖国只是回忆中的陈迹。犹太人出类拔萃的神话，充斥着对于大师故事以及教学例证的记述。

这种教学故事的数量与歧异多得令人眼花缭乱，从极端正统派与基本教义派到异端与反律法派不一而足。教律与塔木德的指导是一回事，而自己拥有丰富的师徒故事的神秘教义又是另一回事。神秘教义的文字记载极少，有如沧海一粟；口头传授才是（也会一直是）主要的方式。人们不断寻求理解这活福音，理解这被伊曼纽尔·列维纳斯视为在《圣经》诠释上最重要的当面传授。但没有什么师徒关系会比这些故事、回忆录、哈西德格言，或是在十八世纪时由万代宗师巴力·善·托夫（Baal Shem Tov）在波兰发起略带神秘的虔信运动来得更为神秘与戏剧化。在这些拉比"法庭"里，在这些东欧、波兰与波罗的海诸国的学校及犹太社区中，以色列自认对上帝的师从与学习才达到了最高峰。任何简略研究皆无法正确了解这些残存资料中的智慧、辩证技巧，以及其中的挖苦、幽默、痛楚与偶尔在灵魂狂舞时才得一见的欣喜若狂。虽然这些资料所"谕示"的世界早已化为了尘灰，但这些资料仍被马丁·布伯、埃利·威塞尔、人种学与比较宗教学者等人搜集并重新传述。而这些资料对世俗作家（例如卡夫卡、博尔赫斯与贝娄等等）的影响则成了动人的篇章，它们也通过哈罗德·布鲁姆与列维纳斯而进入了现代诗与后结构主义哲学的语汇之中。"朔勒姆"（Scholem）与"魔泥人"（Golem）押韵的可不止一方面。

　　有关巴力·善的传说不计其数。学者们尝试着将掺杂在最粗浅的日常生活中所需的教导，和其中不切实际，甚至近乎巫术的层面区分开来。大师随着教律文卷翩然起舞；迷人的魅力从他身上，从他神秘的远见中倾泻而出。他是个诉说寓言的高手。当学生问他为什么我们在忠于上帝时会感受到一种无尽的卑微时，巴力·善回答道："当一个父亲教导他的小孩走路时，他会从两旁紧紧握住孩子的双手，以免孩子跌跤；但是当孩子靠近他时，他得把手放开些，孩子才能学会靠自己走路。"尽管生长在拥有极高的信仰热诚与训示的犹太社群中，巴力·善却不怀任何幻想。就像以色列人本身一样，"真理也是从一个地方被驱赶到另一个地方，而且必须不断不断地漂泊"。他只要还活着就不停止教导。他的遗言就是个教学的行动，就是篇《以斯帖记》的诠解文章。

有三位众师之师跟随了他的脚步：麦吉克的马吉德（Maggid of Mezeritch）、科瑞兹的品哈斯（Pinhas of Koretz），以及不那么亦步亦趋的兹洛特考夫的耶希尔·米卡尔（Yehiel Mikhal of Zlotchove）。马吉德的哈西德学校保留了教学中的主要传统。正如布伯所说，对马吉德而言，要了解宇宙只能够"从上帝教育方法的观点"得之。他不会告诉学生们有谁对他传授的教律已经掌握了正确的诠释。无论是教律的七十个层面中的哪一个，只要有人能正心诚意，凝神于一，就能够得到真理。马吉德点亮了在学生意识中的烛火；而学生们得从一句格言或文章片段中细省，并在漫长专注的沉思中汲取话里丰富的意涵。马吉德早年闻名于世的禁欲苦修，也熔铸在他的教学之中。由于教学已成了他的生命气息，众人所知的伟大的马吉德从未著书立说。和苏格拉底一样，他深信口语传授的启蒙效果；他要他的话被"铭记于心"——这句成语说得再贴切不过了。马吉德没有留下著作，却留下一群徒子徒孙。而他的儿子，神秘教义的拉比亚伯拉罕，则更进一步：他只教了许涅尔·查尔曼（Shneuer Zalman）一个学生，因为要通过教育将内在启示加以具现，就得"降到最底下一阶"。直至今日，为数甚少的神秘教义大师终其一生仍只收一两名弟子而已。

品哈斯拉比被认为是最忠于巴力·善的精神与典范的弟子。他被当时的人惊叹为"世界的脑袋"。他与学生拉斐尔（Rafael of Bershad）之间的人际与指导关系是纯然忠贞而一致的，可说是在混乱的师生关系历史中最辉煌灿烂的一页。耶希尔·米卡尔拉比则带领我们跨入了十九世纪。这位正直有德的禁欲者，或者说这位"义人"，是位受到启发的巡回传教士。他的翩然来去都带着一种神话般的氛围，他在漫漫长夜中带来了光明。尽管他真正的教诲启示出对圣言的一种似非而是，甚至是反律法的解读，他还是被显赫地尊称为"灵魂中的灵魂"。在老师们的心目中，大概没有比这更荣耀的头衔了。

所幸，威特必斯克的曼纳罕·曼德尔（Menahem Mendel of Vitebsk），传说中马吉德的三百弟子之一，把哈西德运动带到了巴勒斯坦。他带着一群学生，在一七七七年抵达了巴勒斯坦。传说中，他的学生亚伦（Aaron of Karlin）口才极为便给，以至于抢了老师门下拥有道德抉择自由与心思不定的听众；上帝因此夺走了他年轻的生命。漂泊的大师们会将自己四处游历的一生比附作模仿在某些神秘教义中所说上帝从世界中自我放逐的故事。被人昵称为"拉父"（the Rav）的查尔曼拉比，建立了一支成效卓著的哈西德主义立陶宛支派。他的教诲可以说倾向理性主义，尝试着在哈西德主义与拉比正统之间日趋尖酸刻薄的鸿沟间巧加弥缝。同时，查尔曼也是出了名的能歌善舞，他有如苏格拉底般歌唱，又如尼采所嘱咐般舞出智慧。在哈西德主义禁欲的脉动中，《雅歌》扮演了一个重要的角色。而其欢悦的性冲动，则转化成为对上帝的亲近。大师们在祈唤着一种吊诡的"对纯洁的欲望"。

没有一本哈西德格言的选集能够公平看待那挑战他们的力量。一次又一次地，这股压力都累积在"传授"上。因此，巴鲁卡（Barukh of Mezbizh）说："当一句话以说话者之名做保证时，说话者的双唇就得慎重。而他口中所吐露的话语，就会像那些已故大师所说的话一样。""我到马吉德那儿去并未聆听托拉，"莱布拉比（Rabbi Leib）这么说，"但我看到他怎么松开他的毡鞋，又如何再系好鞋带。"品哈斯提醒学生们："灵魂不停地在教导着我们，但从不重复它的话语。"机智使得辩证更加尖锐。汉尼波的祖西亚拉比（Rabbi Zusya of Hanipol）用一种前尼采的口吻主张道："在未来的世界里，他们不会问我：'为什么你不是摩西？'他们会问我：'为什么你不是祖西亚？'""成为你自己。"学习就是救赎：当人到达另一个世界时，他会被问道："谁是你的老师，你又从他那里学到什么？"〔卡尔林的谢洛摩（Shelomo of Karlin）这么说。〕但即便是最卖力的学习，仍然什么也不是：寇尼兹的伊斯拉尔拉比（Rabbi Israel of Konitz）埋首于八百本神秘教义的书籍之中；当他遇上伟大的马吉德时，他立刻发现自己其实什么也不知道。雅各伯·伊札卡拉比（Rabbi Jacob Yitzakh）在安慰一位失败的同仁时，提出了伟大教学的核心定义："他们来找我是由于我会因为他们来而惊讶，而他们不来找你是由于你会因为他们没有来找你而惊讶。"在整个哈西德与拉比的世界中，学习所同时也是祈祷所（Beth ha-Midrash）。这里欢迎旅人，无论是身体或灵魂无家可归的人。

马丁·布伯搜集了关于纳赫曼拉比（Rabbi Nachman）的故事，这位巴力·善的侄孙于一七九八年到一七九九年在巴勒斯坦施教。一般咸信纳赫曼是因为一场共鸣的奇迹而从门徒身上听见了最为深藏的洞察。随着他（以及布伯）的逝世，这条主要的神秘系脉就此断绝："喜悦给了灵魂一座家园，而哀伤则使灵魂离乡背井。"如今只留下一丝残迹。野蛮与落后催促着这些社群，以及他们的语言和记忆迈向凋零。但哈西德主义在师生关系、师者教诲中的奇迹与不可思议的历史上，写下了无可比拟的辉煌一页。没有任何地方曾出现过对人类灵魂更真实的"吟颂大师"了。

得见"东方之光"、从亚洲获得宗教启示、得到涤净以及从沉思中达到超升的技巧，这些都是西方文明千百年来的渴望。我们知道，埃及与波斯的奥秘都曾影响毕达哥拉斯学派与柏拉图学派。"古鲁"（导师）一词，也是从印度与锡克教处传来。欧洲与英美后续的各项关注，也都各有他们自己的"印度之路"（不妨比较沃尔特·惠特曼与 E. M. 福斯特对这个词的言外之意），都有他们各自对于道教、佛教，以及禅学的印象。现在这股风靡各地的狂潮，可溯源至一八九三年在芝加哥的"宗教议会"。通过诸如赫尔曼·黑塞与阿道斯·赫胥黎等人的推波助澜，这些概念大大刺激了文学、绘画、音乐，以及心理治疗等各方面。尤其是在二十世纪五十年代散播到加州地区之后，这些领域全都和涅槃、瑜伽术，以及共有的禁欲主义或冥思关联在一起。这些都是所谓"新世纪"的特征与刻板印象。这种从太平洋沿岸的印度、中国，以及远东各地的启示所撷取而成的白日梦，盘桓在现代性对空虚的恐惧之中，萦绕在现代性焦躁不安的心中。

这就是问题所在。这些题材由于后续衍生的外行误解与矫饰，变得天花乱坠而弊病丛生，导致真正的源头反而遥不可及。难以学习的十数种不同语文，和对于千百年来宗教、哲学及社会文化的历史，还有令绝大多数西方人感到陌生的个人感觉与体能的规矩训练，都是达致真正理解的先决条件。即使是西方最优秀的东方文化学者、人种学家，以及比较宗教学的学者〔例如马拉慕德（Charles Malamoud）〕，对这领域都难以一窥全豹。佛教与儒家学说遍布印度、中国、中国西藏、锡兰、缅甸与日本各处，各地又再细分出不同的密宗、显宗等支派。西方学者与译者一直都想适切地介绍给西方世界什么是"道"的意涵、儒家所重视基本的礼，以及吠陀仪式等展现于"字里行外"（Inside the Texts, Beyond the Texts）的学问〔此处套用了麦克·维彻（Michael Witzel）的书名〕。只有极少数西方的男女曾有待过亚洲寺庙（尤其是神道教）修行的亲身经历。这些真正的学者专家多少对于远赴千里朝圣或记者的报道文章有所鄙夷。有些禅学大师认为数年的静思，无论恰当与否，都是不可或缺的入门功夫。由于不知言语、不识人世脉络，我大概就只勉强知道这些基本而且是二手得知的陈腔滥调。在这些功夫之上，存在着一个近乎封闭的世界。

师徒关系是深入中国儒家学说与其复杂的宗教、礼仪背景的一种工具。我们所熟悉的典型多到不胜枚举。孔子问，像子路与颜回这种最能够承继师说的学生，却先于师傅而死，还有什么比这样的背叛更大呢？大师的学说能否借由口述言辞相传，这问题的答案仍未有定论。如此一来，真正的教诲又是什么构成的呢？"有一次，大师才讲了两句话，底下就有个学生呼呼大睡。大师欣然道：'他身如槁木，心同死灰。已然真正得道了！他已离形去知，同于大通。我已不必再与他论道了。唉！他果真是个贤良的人才哪！'"这段故事的重点在于达到自我与灵性的虚空，也就能达致沉思与存在的核心。

佛教传入中国，大约是在公元六五年，当时佛教已经形成了大约五百年，而且许多的大师和贤人先后辈出。佛教、道教和儒家思想，三者之间是彼此竞争又互相渗透的关系。中国人一代一代地从梵文将佛经译为中文。达摩祖师在公元五二七年来到广东，在这位大师的身上可以看到所有大宗师的特征。我们可发现有个景象又如鬼魅般地重现：当达摩告别弟子并消失在山林之中，后人只发现了一只鞋子。这根本是恩培多克勒的翻版。尽管经书典籍是持续受到崇敬与注释的对象，但超越言语及概念可掌握的口传智慧，才是真正重要的东西，它们绝大部分注定是心领神会的不传之秘。

禅学很早就流传到日本，但要到公元一二〇〇年后才开始盛行。禅学在日本有适合发展的基础：日文中的"侍"（samurai）就表示"侍从"的意思；服从与严苛的体能训练，对日本而言是习以为常的；剑道以及其他武术都密切相应于禅学思想；射手放空自己，专心于标靶上空白中心的箭术，意味着服从的灵魂；书法与园艺都是追求一种在细微之中见真章的整体性（就好像犹太神秘教义中的文字奥秘一样）；俳句的极简主义内蕴宏浑，通过浓缩的字句流露出来；永恒即在刹那，世界即在"一粒沙中"。这些习俗，在宫闱朝廷与市井乡野截然二分的背景中，使禅学成为上流社会所采取的生活指引。

道元禅师于公元一二二七年所写的一首禅偈仍传颂至今：

众善弟子随法统，
从师坚守可致哉。
心头灵台当自启，
明心见性证如来。

孤云怀奘（Koun Ejo）将"虚己"的方式更加精进："即便八万四千法门生灭于你自身，只要心无挂怀任其自为，便有大智慧光自其迸发。"这种"空明，自燃自显，远在心力所及之外"。逝于公元一三二五年的莹山绍瑾（Keizan Jokin）所开创的住持相承制度，仍延续至今。"修道静思犹门外。心同莲姿证如来。"许多充满教诲与禅机的故事启发了佛门弟子，就像耶稣所采用的方法一样："有个小婴儿睡在父母身旁。这孩子梦到自己被痛打或是生了重病。但无论这孩子怎样生气，他的父母也没办法赶来解救他，因为没有人能进入别人的梦中。但是如果孩子自己从梦中醒来，那他就能从痛苦中解脱。""觉悟"是禅学中的关键词。另一位引人注目的大师，是放浪不羁而破除法执的一休宗纯（Ikkyu Sojun）；传说他直到老年，身边都还有一百多名忠实弟子。"芒鞋竹杖伴我行，尽见盲驴迷道津。"佛门弟子经常要忍受羞辱与拒绝，才能获得大师的认可。弟子必要深山隐寺之中寻找他所认定的师父；他要耐心等待，甚至长达数年之久，大师才会认可他的存在。但传说中白隐慧鹤（Hakuin Ekaku）在公元一七四〇年传授给将近四百名弟子关于先师的教诲。这位恐怖又慈悲，威猛又温和的白隐禅师，施予"个人的协助与建议于茶谈之中"。他的口头指导与书面传述均广为流传。白隐逝世时，身边有九十一名亲传弟子，他们代代相传的住持法统迄今犹存。"一个巴掌拍什么响？"这个被西方专家认为是陈腔滥调的佛门公案就是传自白隐禅师。这个公案被当作问禅的五种基本境界。只有在进入深度抽象与"虚空"之后，弟子才能闭关数年以准备开始传道。

这些关于禁欲、宗派斗争、千里眼顺风耳等"神通"及苦修的故事；不肯对弟子焦急而谦卑的询问加以解释的大师，在身后所留下的种种难解公案谜语；记录大师云游四海、遁逸人世，与仙化涅槃的行传——这些比类似的塔木德、犹太神秘教义或哈西德等故事都更广为人知。这些故事间的一致性近乎不可思议；它们都隐喻了一种共同的型态，但其彼此之间的相异处也着实不少。犹太教渴求着与神的直接接触和对话，渴求着完满的启示经验；而佛学（尤其是禅宗）则致力于达到纯粹的虚空，致力于追求在理智与论辩所无法企及的"绝对无"之中的自我消融。即使身边环绕着诸多弟子，禅学大师仍然守持有如隐士。这种情形在犹太教里可谓绝无仅有；即便出现，也只出现在"异端"与堕落者身上,例如斯宾诺莎与维特根斯坦。

犹太教孕育着棋艺大师;日本的上流社会也下围棋。对外人而言,川端康成在公元一九五四年出版的《名人》这部报道小说,或许最能一窥日本师徒关系堂奥的途径。小说的背景是虚构的:围棋名人本因坊秀哉从一九三八年七月二十六日到十二月四日这长达半年的鏖战中,被年轻的木谷实所打败。这位名人先前一直未曾尝过败绩。疾病缠身,自知去日无多的秀哉,在面对多变的棋局与对手精湛的棋艺时,仍保持着高超的尊严与自制。在棋局的紧要关头,可以发现我们一直关注着的深沉意义与悖论。"大竹",这个木谷在小说中所使用的假名,非常尊敬名人。击败名人几乎等同于弑父;但认输也是种背叛,等于是否定了名人所立下的榜样与传统。这尴尬的处境避无可避。为了激起这位自恋而又病痛缠身的对手,在内心深处的微弱火焰而力求胜弈,这能够说是光荣吗?这两种不同的世界如今要彼此面对。老派的艺术心境与风流,要面对严守法度的新生代的挑战。名人要是容许或是忽略他自己的老化与不精准,那肯定会令他脸上无光。他败也要败得有尊严。在秀哉的棋步中暗露出令人畏惧的缓慢,令大竹自己的套路也渐显得阴郁、沉重:这是个"无情的烦恼"。而这也冒犯了名人对完美的、共通的美之理念。赛事的终局竟是如此折磨人的景象,实在令人不忍卒睹。最后,是徒弟到了崩溃的边缘;

名人面对败战依旧一派安稳模样。这场对弈结束后不久，名人在白雪纷飞的时节里过世了。

在这些犹太资料以及印度、中国与日本的教育故事里，可以发现无穷无尽的类似题材。

我想，在谈及马克斯·布罗德关于第谷·布拉赫与开普勒的小说时，我们已经接触到了科学的部分。不过，在古代与中世纪的学校中，并未要求这种区分：类似的师徒关系、大师与助手的关系，都存在于人文学科与自然学科之中。无论是哲学、宇宙论，或是"炼金术"，在彼此竞争的学派间的对抗，都依循着一种共通的模式。在柏拉图与亚里士多德之后的学院（Academy）里，或是在盖伦[1]之后的医学院中，又或是在炼金术士的实验室与占星学家的观测台里，忠诚与谋叛、承继与拒斥的动力，基本上并无二致。浮士德与瓦格纳的关系正反映出了这种神学、哲学与科学糅合为一的传统（科学，对卢克莱修而言，就是"自然哲学"）。一直到了科学取得了独立地位（主要发生在十七世纪），这些显著的差异才逐渐形成。但当我们尝试要定义这些差异时，却无法如此容易说得清楚。

"技术"是属于绘画、音乐、文法或哲学逻辑的，却也同样完全适用于科学。技术必须通过理论与示范

---

[1] Galen（131—201），古罗马医学家、哲学家，出生地位于今天的土耳其境内。对哺乳类动物的观察著作（含神经、循环系统）影响了后来西方医学，直至文艺复兴仍受重视。

加以传授。然而，在这之中还是有所区别。然而，广义地说，"技术性的"知识学术并不像哲学或道德建言那么容易招致异议与反驳。而且，在其观察与实验技巧的传授中，有着决定性的一致；也有着对日趋精密的数学工具不同的熟稔程度，而在难度上有所区别的进程。个人天赋是重要的关键。教授观察检视在实验桌前的实验人员，能够从中辨识出优异的禀赋以及未来可能的继承人选。数学与科学的天才远比诗艺或形而上学之类的天才更常出现，也更容易辨认（也由此总有人认为在数学、音乐与棋艺之间具有某些隐秘关联）。在实验室或观测台里发生的嫉妒与心碎，就和在画室中或专题讨论课堂上所发生的一样令人痛苦。但这之间仍有难以言喻的区别。无论心理因素，或是"选择性亲近"（这词源自化学）的介入影响，"星体"的出现都具有客观而明显的标准；而有关感觉与不理性的变换戏码，则较常在人文学科的师生关系中上演。尤其是性爱的作用，远较我们所知的更为有力。而科学界同样也有这种案例。

没有任何人类活动是完全价值中立的。即使是最纯粹的抽象观念，也会带有某种意识形态，带有某种社会历史条件。然而，只有疯狂的专制政体才会将相对论与"犹太人的腐败"连在一起，或是以斯大林主义之名来铲除孟德尔的基因学说。就人力所及而言，数学定理、在科学中猜测与驳斥的过程，都是要寻求独立于人种、宗教与政治考量之外的"真理"——这个最为脆弱的概念词语。非线性方程式没有分什么资本主义式或是社会主义式的解法。为了经济利益而服务的生物基因研究是件可憎的事，为了军事目的所进行的数学与物理研究也同样令人不齿。只有在逐步迈向非利益的、普世共享的过程中，科学研究才可说是出于人类自由的成熟概念。

这也区分出在自然学科与人文学科中师徒关系历程的不同。在科学界，可以发生学生个人的颠覆，可以发生学生拒斥老师思想的颠覆，可以发生因为学生采取达尔文学说而反对拉马克[1]的演化论模型的颠覆。但这些颠覆都必根据深植于科学中的必然性。老师真正的成功（尽管时常不被承认），就是被自己学生的发现所驳斥、取代；也就是领悟到在学生身上具有超越自己的力量与未来发展性。艾萨克·巴罗为了支持艾萨克·牛顿而辞去了他卢卡斯讲座教授的职位；大卫·希尔伯特在库尔特·哥德尔兴高采烈的口试中，并未真的对他提出质疑。这些大师都是能臣服于一个远比自己伟大的信念的仆人。

这种真理的中立与纯粹科学和应用科学中的匿名性以及非人格性相关。个人禀赋在科学史上和在文学与艺术的历史上所做的呈现是一样地明显；但在科学领域中的影响却远远不及在后者之中。没有但丁就不

1　Lamarck（1744—1829），法国演化论者，曾提出"用进废退"说。

可能有《神曲》，没有巴赫就没有哥德堡变奏曲；舒伯特的英年早逝，留下了无人能弥补的感性空白。但这对数学与其他科学却并不如此。有人说从代数报告中可以看出一个人的风格。但解决费马定理或是得出黎曼假说的，却也可能是另一位代数学家。达尔文只是在演化与自然淘汰理论门槛上同时并起的动物学与地质学研究者中，理论最为完整一致的一个。在粒子物理学与宇宙论的领域中，现在都还有上打的研究中心与"原子核分裂加速器"在尝试解决相同的谜团。科学期刊上的论文与科学网际网络的通告，经常都会有三十个或甚至更多个人同时署名。理论、发现与数学解式，基本上说来，都是匿名而协力完成的成果，无论这份荣耀是因为意外或公众关系而归之于这个人或那个人身上。这种团队合作与必然性（迟早总会得出一个结果的必然性），与哲学家的学生所经历到的，或是在高级音乐班上最先创作的作曲者所体验到的，实在是大相径庭。在柏拉图的理型论或是西斯廷教堂里，根本没有什么不可避免的必然性。

这部分的资料实在是不可胜数。在杰出科学家的传记、自传或回忆录（而这些作品中的立场都并不强烈）之中都可以发现。科学研究中的无人格性与理想的匿名性都倾向具有可自由处理的权威。而且，在科学的知识交流中，有着一道屏障。没有多少科学家（当然也包括数学家）能够轻易地向外行人说清楚自己的工作。术语及专有名词（大部分都是数学方面的）

会从中作梗；而且会产生对于科学事业的人为解释——而且经常错误百出。譬喻往往是蹩脚的解释替代品。有些小说家，例如托马斯·曼与罗伯特·穆齐尔，能让我们重新想象科学理论与发现的这个或那个侧面。C. P. 斯诺早期的《探究》(*The Search*) 仍颇有价值。有时候，科幻小说反而使我们更加贴近科学。正是这种稀罕的情形，使得理查德·费曼在《别闹了，费曼先生》中趣味横生而闪亮的自我描绘，成了物理学与太空物理学中所谓的"奇异点"(singularity)。

费曼这位才高八斗的理论家与算术家，就像本杰明·富兰克林或托马斯·爱迪生一样，拥有洞察实际作用机制的天分——"这东西怎么运作的，要怎么样才能做得更好？"——而基础理论的领悟正是由此处产生。大约脱离青春期后，费曼发现自己在对一群大师发表演说。约翰·惠勒、亨利·诺里斯·罗素、约翰·冯·诺伊曼与沃尔夫冈·泡利等人，都一起来听费曼的演讲。爱因斯坦也来了。"我面前坐了这些恐怖的大师，全在等我开口讲话！"然后，奇迹发生了："当我开始思考着物理，并专心在我要说明的问题上时，我感到心无旁骛——完全不会感到紧张。在我这么做之后，我根本不知道到底有谁在这房里听讲。我只是在解释这个想法，如此而已。"在普林斯顿与洛斯阿拉莫斯让他与许多科学界的巨人会面。然而，是他与这些人共同工作的经验启发了费曼，而不是在教室里的正式教学。是实验教导了他。即使是与冯·诺伊曼并肩走在峡谷里,或是作为尼尔斯·玻尔试探意见的人,费曼总能够发挥他无畏的原创性,不接受大人物话中的表面。而他也成了位有名气的老师:"我不信我不教书还能过下去。"而他的动机是种心理作用:在他自己的研究受阻时,还能"做点贡献"的强迫心态。在拜师学画之中,费曼对物理做出了这样的结论:"我们有如此多的技巧,如此多的数学方法,结果我们不停地告诉学生该怎么做。相对地,绘画老师很怕告诉你什么事……老师不希望把你推向特定方向。所以绘画老师会有的问题,是怎么样让学生心领神会,而不是通过指导来了解怎么画;而物理老师的问题则是他们老是教导如何解决物理问题的技巧,而不是物理问题的精神。"圣奥古斯丁必定会赞同这说法。

还有更为罕见的,是能够向外行人倾吐自己所知奥秘的数学家。洛朗·施瓦茨一流的自传《与世纪争斗的数学家》,除了对社会正义与政治行动的支持外,还要具备一定程度的算术能力。斯坦尼斯瓦夫·乌拉姆的《一位数学家的冒险》就平易近人得多。乌拉姆回想他战前在波兰学习的时光时,显得格外雀跃。当时,只有少数几个国家能够跟上波兰对数学家与形式逻辑学家的区分,这两个领域的分际极为模糊。我们在乌拉姆的故事里所看到的是,当学生在真正展现出未来的希望时,老师与学生之间互相启发的亲密。还是大学新生的乌拉姆,密切地与一群勇于创新的数学家一起工作,这群数学家中包括了卡齐米日·库拉托夫斯基与斯坦尼斯瓦夫·马祖尔。套用费曼的词,"心领神会"是关键。在课堂与课堂之间,乌拉姆都待在教师研究室里,可以说是以潜意识的方式在吸收大师们深奥的技巧。大师留给学生的真正礼物,就是尚待解决的臆说、问题或定理。也有些流言说某些大师,不知是出于恶意或疏忽,要学生进行琐碎或根本不可能解决的题目。通常说来,研究都是合力完成的;不过也有些时候,得靠学生自己独立奋斗。乌拉姆在还是一年级的菜鸟时,就独自解决了一个集合论与集合变换的问题;他也出版了研究成果。中、东欧的传统,总少不了在咖啡馆的聚会。有一次聚会,乌拉姆、马祖尔,以及顶尖的代数拓扑学者斯特凡·巴拿赫聚了十七个小时之久。无论是谁,一定都会深深记住以他们来命名的这个"空间"——"巴拿赫空间"。而纳粹对许多大师所下的毒手,以及波兰知识分子所遭受的蹂躏,都为乌拉姆的回忆录增添了点悲惨气氛。

乌拉姆曾在洛斯阿拉莫斯扮演制造原子弹的重要角色,他和洛朗·施瓦茨都认识到"最纯粹的"数学假设与解式能够改变经验世界与政治命运这个悖论。粒子物理学与改变了世界的信息理论,都利用到曾被当成是深奥难解的思辨游戏的数学工具。想想,张量微积分的功用,潜藏在爱因斯坦的相对论以及产生出核子武器的质能守恒理论之中而不受注意。而正是数学家这种心无旁骛的脑力专注(乌拉姆回忆道,他曾花了六个小时全力倾注在解决一个集合论基础的问题上），让政治与社会知识只能瞠乎其后。也因此，一些像施瓦茨或安德烈·萨哈罗夫这样拥有高度精神水准的大师，会努力要他们的弟子具备对人道责任的广泛认识。

亚里士多德奠定了逻辑、知识论与政治科学的基础。卡尔·波普尔也是。而我们还看得到第三个吗？

波普尔在伦敦经济学院（London School of Economics）每周二下午的专题课程，已经变成了一则传奇；参与的听众给我们留下了许多趣闻轶事。尽管流于歇斯底里与自我推销，约瑟夫·阿加西所写的《哲学家的徒弟：卡尔·波普尔的讨论课》仍是无价之宝。这师徒俩在一九五三年到一九六九年之间过从甚密。阿加西以一种犹太传统的方式，选择了一位他称为"哲学家"老师（好个典型的称呼），并跟从这位大师的指导："我与这位哲学家密切接触的这短短数年，是对我一生产生最大影响的时光。我在他的指导之下结束了学生生涯，尽管初时充满挫败与不幸，但借由他的协助与指导，总算在兴奋与进步中画下句点：我从他那里学到了关于写文章时该注意的事，在论证时该注意的事，在强调时该注意的事，以及如何全力以赴。无疑地，这段师从于这位哲学家的时光，是我一生中智性最受鼓舞的时候。"然而，阿加西却打从一开始就对波普尔大加挞伐。卡尔爵士"就是无法与我讨论伦理学：就算我已经严正地表达要讨论的意愿，他还是对讨论伦理学一事打了退堂鼓。所以我只能做个单纯的决定：离开或是留下来与他争论，并时时提醒他我不再只是个学徒了。"这个决定自然一点也不单纯。空间上的隔阂（阿加西为了寻求学术职位，在世界各地奔波）或是中断对哲学与波普尔个人的交流，也无法减轻这位徒弟所受的折磨，更无法缓和他对于获得师傅接纳与信任的渴求。阿加西教授努力地做出这种区别："我并不要我们之间的情谊破灭；只是不再想当个学徒。我得扭转这样的局势。"这个徒弟就只是为了争一口气："我投师在这位哲学家门下当学徒，他就是我的师傅——用这古板字眼实在恰当不过。他身为我的师傅，对我谆谆教诲；我作为他的徒弟，为他孜孜矻矻。这实在公平不过，而我也相当满足于这一切；真的，夫复何求……我决定走上这样的路，也决定了我这样的命运……但我从未承诺要继承师传；从没想过在他退休之后要接替他的位子。我知道，古代的学徒会被这么期待，而且还要娶师傅的女儿。"

还有更复杂的：在这群徒弟间发生了粗蛮的混战。阿加西的记述一直受到同侪的质疑与驳斥。身兼优异的知识论学者与逻辑学家的明星学生伊姆雷·拉卡托什，在疯狂的阿加西笔下，仿佛不是效法"伊阿古而是斯大林"——这种牵扯出拉卡托什在匈牙利暧昧过往的比较，实在相当恶毒。波普尔的专题讨论课仿佛浸润在这群有志青年沸腾的竞争阴谋与出卖陷害之中。事实上，我们很难相信除了彼得·梅达沃与恩斯特·贡布里希之外，波普尔会对这些人青眼有加。波普尔与维特根斯坦之间的短暂激辩也成了有名的讽喻。这门专题讨论课堂上的学生，几乎都一成不变地作为这位大师独白的试探对象；而他的要求也都极为惊人。

"这位哲学家，一年里至少有三百六十天都是夜以继日地在工作。"波普尔考虑自己重写《开放社会及其敌人》有三十次之多，完成版本也多达五种。他每天从清晨工作到半夜。当他对日常工作厌烦时，就投入逻辑问题之中。他视阿加西为他作传的人选（这说法也引起争辩）。但当波普尔"开始成功地操弄我，我决定要彻底改变我们之间的关系"。哲学家对两人共同的朋友大吐苦水。痛苦与"不知感激的离别"宣告了这份关系的终结。此情此景我们已相当熟悉。"被师傅本人撵出去"这件事，让阿加西认为自己比其他害怕被师傅拒绝的徒弟们，更能理解波普尔的教诲与性格。

卡尔·波普尔迫切的自我主义源自一种曾被忽略的感受。划时代的《探究的逻辑》（*Logik der Forschung*）于一九三五年出版；但直到一九五九年英译版《科学发现的逻辑》出版，他才受到重视。波普尔对于许多名过其实的当代人广为采用他的作品却只字未提一事甚感愤怒。他认为最受社会与学术界欢迎的英国思想家以及像他这样的外来客，大部分都是投时所好的骗子。对波普尔的尊崇与欢迎来得很晚。相应地，"这位哲学家"在心肠与智性上也就不那么通情达理了。他"很少，而且几乎是被迫承认地改变他的意见，仿佛要他认罪一样。尽管他认为因批判主义的力量而改变是种进展，并认为偷偷改变是最恶劣的知识罪过，他都依然如此"。在二十世纪作为一个犹太裔的哲学家与政治先知，作为一个由少数同事长期资助的难民，这是件非常悲惨的命运。阿加西了解自己的生命是件"忧愁纪事"。他无法克服受到师傅"暴躁蛮横"的对待所带来的痛苦，也无法捱过"群众会审"与他在一九六四年最后决裂之前就被指为叛徒的控诉所造成的痛楚。尽管他明白即使说了"我的目标并不在于报复"也于事无补，他还是要声明他不希望卡尔爵士受到伤害。

悲剧过后，接着上演的是讽刺剧。对肉体伤害的威胁，出现在波普尔与维特根斯坦遭遇的冲突场面中。尤金·尤奈斯库一九五一年的《课堂》(*La Leçon*)，在谋杀中达到了高潮。这出关于死亡的闹剧与本书一开始所提的《美诺篇》形成了强烈对比。这出戏精彩之处就在于尤奈斯库的步调，在于充斥于言语中手淫与射精的强烈节奏。这出黑色闹剧指出了隐藏在教学过程中的爱欲与虐待、性羞辱与解放之间不可解的纠葛关系。尤奈斯库始终重视的权力关系与强迫，在这出戏中的表现几近疯狂。教授的性虐待癖，在少女的戒尺管教下（显是受了斯特林堡和雅里的影响），转成了性被虐狂。而这种催眠效果，通过最危险的学科——语文学——转变成了谋杀。"语文学总是带来最糟糕的情况。"文法与其不理性的错综复杂就是权威的化身。学生、文盲与劳工就没有这种优势工具。下面这段话无法适当地译出意思来：

> 要学习发音，得花上经年累月的工夫。多亏了这门科学，我们才能够在短短数分钟之内就学会。要说出这些字、发出这些音，以及所有你想说的，你会知道要用尽你胸中所有空气，轻轻地吐出，通过声带，突然地，就像是竖琴或是在风中飞舞的落叶一样，轻轻颤动着，摇晃着，抖动着，抖动着，抖动着，像抖着小舌，或是像舌尖擦过颚前，沙沙作响，或是吁吁作响，徐徐推动你的小舌、舌头、颚部、牙齿……

"牙齿"：年轻的女学生提到她日趋严重的牙痛，说了三十四次。然而却徒劳无功。不管这位小姐要或不要，老师都会指导她、训练她。他的质问近乎虐待，仿佛像是梦游仙境中的红白皇后对爱丽斯的严审苛察一样。他愈问愈快，声调愈来愈激昂：

> 我叫您为我找些西班牙的、新西班牙的、葡萄牙的、法国的、东方的、俄国的、沙达纳帕鲁斯的、拉丁的，还有西班牙的刀……这就够让您能够用这些地方的语言说出"刀"这个字，看着这件东西，拿近一点，专注地看，想象那就是您所使用的语言。

当老师的尸体移开了，门铃响了。这少女说道：

> 您就是新的学生吗？您是为了上课而来吗？老师正在等着您。我去告诉他您已经到了。他会马上下来！请进，请进，这位小姐！

这种宿命、这种循环难道是模仿了尼采的"永劫回归"吗？

在波普尔的知识论中，有成果的错误与可否证性是最重要的要素。但为了什么目的，又要如何才能够教导虚假，教导欺骗？否证一切证据的"欺骗者"，这个能够阻挠理性思想的恶魔，可说是笛卡尔的沉思的回响。在笛卡尔分析的最后，只有神的爱，因为是真正真实的，所以才能够保证"可被教导"。笛卡尔对神授教诲的信赖，是跳入了信仰之光，根本没办法证明。在这传授虚假的导师、存心被误导的学生的问题上，我们必须做出区别，然而其间的差异与灰色地带却是如此之多。

大师能够专精于"什么不是"，就像斯威夫特在书中用尽所有巴门尼德与亚里士多德的方式来探询宣称非存在的命题那样，他们也就能推导出什么不存在。谎言可以被明白地传授——注意这里的悖论。为了要能说服，为了要能够引发政治邪恶的举动，为了愤世嫉俗的嬉闹，"虚假"也能够为了煽动背叛上帝与其世界秩序而被传授。这茫茫的领域是属于撒旦的，是属于弥尔顿诗中那堕落的天使长的，是属于术士西门（Simon Magus）与梅菲斯特的。在尘世间，如同我们所见过的，辩士学派（Sophists）被指为推翻了语言是指向实在存有，并确实对应于实际、可验证的存有的这个主张。但黑格尔平实地指出，正是这些辩士开创了希腊文明与教育这艺术（苏格拉底真的不是个辩士吗？）。广告就在传授谎言；意识形态蓄意地玷污了政治、社会、种族与经济等各个层面。但是鲜少有能够清楚分辨谎言与实际的例子，要反驳这些谎言也并不容易。即使在精密科学中，像拉卡托什与费耶阿本德这样的批评家，也追问着波普尔关于关键的经验证据（experimentum crucis）及可验证性的判准究竟为何。

传授虚假可能并非出于自愿，或许是一时偶然的结果。这之间的区别林林总总。修正过后的文章与消息，可能都还没送达大师手中；因为审查制度阻挡了它们的散播。错误，即使历经数个世纪之久，也可能仍被视作清白；就像托勒密的宇宙图说，或是燃素说（theory of combustion）一样。另一方面，我们又要怎么评断现今仍在教导儿童世界是平的，或是控诉演化论有误导之嫌的基本教义派？我们必须要非常谨慎。现在被认为是正统的宇宙论学说、物理学理论与生物基因学理论能否禁得起时间的证明？尽管这情形并不寻常，数学也有其修正的需求：某些欧几里德的几何公理，在广义上说来，被非欧几里德几何所驳斥了。

我们大可不必一一细究这么多被烙上错误的印记与被指称为有误的理论内容的种种形式与历史。偶然性的信念总是反复无常；所有的教学内容也不过只是暂定如此，必须要对提供纠正的异议保持开放的态度。对辩士们而言，这种异议恰恰与其所挑战的命题同样有效；对理性主义者与自由社会改良论者而言，这种异议能够导向更包容、更丰富的见解。"虚假的大师"这主题仍有待探索。在《圣经》中只在两处提到，一个在撒马利亚（《使徒行传》八章九至二十四节，另一个则在塞浦路斯（《使徒行传》十三章六至十二节）。

我唯一确信的是，师傅要是有意教导学生虚假或无人性（这两者其实是一回事），他就绝对是罪无可逭之徒。不过，这阴郁的声明并非我的结论。

一九一八年到一九一九年冬天，马克斯·韦伯在慕尼黑发表了一场题为"科学作为一种使命"（他的标题用的是"Wissenschaft"这个词，大概可表示为"学习"与"知识"的意思）的演说，尽管这场演讲并未被完整记录下来，却迅速成为经典之论。欧洲当时正陷入一片失望之中。欧洲的高度文明，以及欧洲对于德国大学曾信誓旦旦要守护的卓越知识的追求，面对这场浩劫毫无用武之地。学者与老师这身份，其旧有的声望与健全能得以复原吗？韦伯预见了欧洲高等教育与学术生活转向权威官僚的美国化。这道在"这种朝着大资本主义学术企业的方向与浑身古板的教授"之间的鸿沟愈来愈阔。韦伯认为至关紧要的学术科学研究与教学之间的和谐一致，如今危在旦夕。如今已进入军事力量领域的进步判准，受到了质疑："然而，一群学生聚集在一位老师身边这项事实，纯粹是由不可思议的大量肤浅因素，例如性情与语调所决定。在经过相当广泛的体会与清醒的思考后，我对大量听众深感怀疑，无论这些群众是多么地难以避免。民主制度应该在适合的地方才能实践。不过，倘若我们延续德国大学的传统，科学训练将不免推衍出某种知识寡头制度的存在。"

更甚者，对这些传统的威胁，来自"科学"（Wissenschaft）本身。我们的文化正在迈向产生不了文化的殊别化过程。外行人也好，博学之士也罢，对这趋势均毫无招架之力。就某种意义而言，这种对焦点的限缩确实值得受赞扬："这么说罢，谁缺乏让自己集中注意力的能力，谁不能说服自己命运决定于对篇章的创见是否正确，谁就终将永远地与科学及学术绝缘。"这些不能体会"这种罕有的狂喜"的人应该另谋出路。但这种殊别化也会导致思想贫瘠。重要的假设与洞察也能来自"业余人士"，来自通才，来自于外行人（例如，对线形文字B的辨读）。灵感的出没无迹可寻。重要的洞见"只有在它高兴时才会来临，毫不考虑我们心中的欲求"。无论是在人文学科或自然学科，在商业活动或艺术，创造性的成就都源于柏拉图所说的"狂躁"。差别在于科学人必须顺从自己所发现的短暂无常，他是这个会将他的努力抹煞或加以修正的过程的仆人。只有艺术才是"完满",因为没有任何后续的作品能将它淘汰。科学家、科学研究者都投身于一种牺牲奉献的理想之中。

马丁·海德格尔的校长就职演说,不知有意无意,可说是立即对韦伯那种斯多葛式的高尚加以反击。如同我们所注意到的,这篇演讲的用语极为迂回暧昧,以至于任何解释都显得冗长而不确定。而唯一不会搞错的,就是对于学习与教导、对于整全的大学、对于人民的命运,以及对于要求国家社会主义革命的认同。在康德与韦伯的概念中那无关利益的灵性,如今已成了种不恰当的奢华。在这新的斯巴达国度里,只有在唯一的大师底下,师傅才能够是师傅;而学生们随之起舞。甚至连诗学也回归到其根于身体活动的字源了。这两篇演说都有其可观之处。但在海德格尔对服从与追随的高声赞扬中,带着点野蛮的痕迹。在这野蛮即将来临之际,叶芝所说"站在上帝圣焰中的圣贤"(他们的著作全都付诸一炬)的意象显得格外真实,而其所面对的威胁至今未曾稍减。

结　语

老师与学生之间的关系、伦理，如同我所描绘的那样，会持续下去吗？

传递知识与技能的需求、获取知识与技能的欲望，是身为人类的不变条件。教授与学习、教诲与听命，只要社会仍持续存在，都必须继续下去。正如我们所知，生命不能缺少这些事物。然而，如今确实已有某些重大改变。

科学和技术所扮演的指向性角色与权威，在这星球上的事务中，比经济学或国家大事来得更为吃重。它们造成了一种重大的变动，导致成人对宗教世界的心性逐渐受到侵蚀，而这侵蚀确实与科学的宰制密切相关。我已经明白指出知识分子的杰出能力投入于科学，远远超过其他任何活动的情形。这种新的均衡将会逐渐普遍化。计算、资讯理论与存取，以及网际网络的无远弗届所造成的影响已非科技革命一词所能涵盖。它们造成了在意识上、知觉与表述习惯上，以及我们才刚开始教导的互动感受上的剧烈转变。借由这许多网络终端与突触，它们会联结到我们的（这只是个可能的譬喻）神经系统和大脑结构。软件将会继续内化，而意识可能也得长出第二层皮来加以保护。

这对学习过程造成了极大的冲击。学童可以从电脑桌直接进入崭新的世界中；拥有笔记本电脑的学生与在网络上漫游的研究者也都是一样。合作交换与讨论、记忆体储存容量，以及即时传输与图形界面等条件的进展，已将"知识"（Wissenschaft）的许多层面加以重组。电脑也能够进行教授、测验、展示与互动，而且保证精确清楚，甚至比人类教师来得更有耐心。网络资源能够随意地散布与搜集。电脑不知道何谓偏见，何谓疲惫，而学生也能够在一种教育价值超越课堂教授的辩证过程中进行质疑、反驳与回答。

犹如对这现象的反弹一般，求助于治疗贤者、心灵导师与多少已世俗化的巫师的情形相当普遍，在深为其所苦的西方世界尤其如此。从来没有像现在这么多的信仰治疗师、奥秘导师、精神顾问（黑手党的这称呼倒是恰如其分），或是狡猾的江湖郎中。我曾约略提到这股经常出于人为操弄，却不可否认的"东方主义"与神秘主义的潮流。影响更巨的是心理分析的复杂网络、心理分析大师之间的相互竞争，以及依赖与学习这些大师的群众，在在都影响了我们许多的日常词语与道德观。尽管在这些近乎扭曲模仿的伪装底下，师生关系之间的基调仍日趋蓬勃。从某些方面而言，弗洛伊德之后兴起的这股新世纪风气，回到了前苏格拉底时期的模样。毕达哥拉斯与恩培多克勒在现代想必会感到十分自在。

环绕在宗师身边的魅力氛围，以及在教育行为中人们的浪漫故事，无疑将会继续流传下去。然而，从一种较严肃的层面而言，这些情况能发生的范围看来将逐渐受到限制。知识与技术（technè）的传授将愈来愈依赖其他的进行方式。人类的忠贞与反叛，以及查拉图斯特拉对爱与背叛的诫命，这两者互为解释，但这对电子教学却毫无影响。

女性大师的人数虽少，却是量少质精。从叙拉古、雅典与安提阿以来，女性弟子也所在多有。这种"人口统计"的结果如今已大不相同；在文学与现代语言的研究学习中，年轻女性的人数远超过年轻男性。女性化的趋势在人文与艺术领域正逐渐扩大。女性正在为她们在科学与技术领域的合理地位而努力奋斗。师生关系中的父权结构正在消退；性向认同与性别差异也日趋模糊。然而，我们所知有关忠诚与反叛、引领（auctoritas）与忤逆、仿效与竞争的结构，也正发生巨变。对于男性弟子（"弟子"一词也将有新的意义），女性大师也将发展出全新而复杂的反应、期待与象征活动；相对地，男学生也会发展出在某种意义上说来中立与忠实的态度。而即使我们忽略爱欲的复杂冲动，女性大师的女学生仍可能会发现自己处在一种受到简化而不稳定的处境之中。然而，这方面的资料却极为稀少罕见；我曾经引用关于娜迪亚·布朗热与西蒙娜·薇依的相关证言；在艾丽丝·默多克的小说中也预告着这种情势的到来。我们能获得的资料会愈来愈多。不过，我们目前对这些前所未见的价值与紧张关系还是只能凭靠着臆测。

第三种变化关系是最为重要，也最难以定义的。无论处于何种种族脉络，无论处于什么文化背景，师生关系都深植于宗教经验与崇拜之中。究其根源，大师们的教诲就是教士们的授课。把这些教诲当作前苏格拉底与古典哲学的成果并不恰当。中世纪与文艺复兴大师们的施教权（magisterium），在形式上是属于神圣教会的教诲权，是属于坐在椅子上的托马斯·阿奎那或圣文德（St. Bonaventura）的教诲权。神学遗留下来的影响逐渐式微，但其传统在现代尘世中仍保有其影响力。这些精神的传统与形式都以一种几乎是不证自明的尊崇态度记录了下来。尊师重道是师生关系中自然的天生准则。只要有"尊崇"与敬爱，就自然会产生敬意与服从。换个说法，要是有人认为"西方"的定义须回溯至亚里士多德与西塞罗，他的动力就是来自对于这些大师精神境界的钦佩，以及对这些大师愿意授徒施教的景仰。"这是我们的老师，冷静死板名气响，扛在我们的肩头上。"

但我会说我们这时代是个毫无敬意的时代。造成这种根本转变的原因，是政治革命、是社会激变（奥尔特加著名的"群众的反叛"），还有在科学中必须存在的怀疑主义。钦佩，更甭提尊敬，都已经过时了。我们现在沉迷于嫉妒、诋毁与向下沉沦之中。我们的偶像必须抛头露面。要博得敬意就得如此,无论你是运动员、流行明星、大财主,或是犯罪之王。充斥在媒体上的声名,恰恰与"隽誉"(fama)截然相反;而穿着足球天王球衣号码的衣服,或是顶个抒情歌手的发型,也与学生本分大相径庭。同样地,关于圣贤的概念也变得可笑。群体意识必须是民粹与平等的,或者至少看起来得要这样。任何倾向精英,倾向韦伯认为自明的知识寡头的表现,都非常容易被大众消费体系的民主化所拒绝(这种民主化无疑相称于初阶印象中的自由、正直与希望)。"尊敬"这举动,就是回归到古老的宗教与崇拜仪式的根源。在现今所流行的世俗关系之中,尤其是在美国,所主张的是要求挑战的莽撞冲动。"知识分子的不朽伟业",或许连同我们的脑袋,全都被漆上涂鸦了。学生们是如何崛起的呢?许多大师(Plus de Maîtres)都宣称这一切都肇始于一九六八年五月,在巴黎大学墙上的一段话。

在科学主义、女性主义、大众民主与其媒体的围攻之下,"大师们的教诲"是否能够(又是否应该)撑过这波汹涌的浪潮?

即使这情况看来仍茫茫未卜,我仍确信可以。我也相信必须如此。"求知欲",对知识的欲望,对于理解的渴求,深深镌刻在每个人的灵魂之中;正如同对老师这份使命的呼唤一样。天底下没有比这更受尊崇的技艺了。要唤醒潜藏在另一个人的内在,超出自己所能的潜力与梦想;要劝诱他人爱其所爱;要使个人的内在展现出他们的未来：能经历这三重面貌的冒险是绝无仅有。随着教导过的学生人数增加，尽管老师这主干耄耄老矣，但开枝散叶的结果却是桃李满天下（我自己的学生就横跨了五大洲）。尽管深深明白只有极少数的人才能成为一流的发明家或发现者这件事，但为之做牛做马所得到的满足却是无与伦比。即使在例如学校教师这样卑微的层次教书，把学生教好，就是与他一同迈向超越的可能。坐在后排的捣蛋学生，在被唤醒后，可能写出人人争相传诵的文章诗篇，可能臆测出会让后人忙上好几世纪的定理。一个社会，例如说一个急功近利的社会，要是不尊敬老师，就是个有问题的社会。这也可以说是儿童色情的极端意义。无论男女，只要他或她即使打着赤脚千里奔波也要寻找老师（这是常见的哈西德比喻），她或他精神的生命力就得以保全。

我们都明白，教学也可能会犯错，嫉妒、浮华、虚假与背叛几乎是不可避免地会进入这关系之中。但在教学中日新又新的希望，以及持续出现的惊奇，都引导我们迈向属于人的人格尊严（dignitas），回归到更好的自己。即使机器再怎么快速，实利主义再怎么成功，也都不能遮蔽我们在理解大师时所体验到的曙光。这种愉悦虽无法减轻死亡的沉重，却能使人对于虚耗教学感到愤怒。难道没有时间再好好上一课吗？

论辩还是该以诗做结，而没有人比尼采对我所提出的这个主题想得更加深刻了：

噢，人类！警醒过来！
深沉的午夜说些什么？
"我睡了，我睡了——，
"我从深沉的梦中醒了过来：——
"世界是深沉的，
"比白日的思想更深沉。
"而其痛苦也深沉——，
"欲望——还比心痛更加深沉：
"悲痛说：从这里去吧！
"但所有的贪欲都寻求永恒——，
"——寻求深之又深的永恒！"

我这翻译并不完善；尤其是已经有马勒为此诗所赋的乐曲这样高超的典范树立在前更显如此。果真还是名师出名师。

谢　辞

衷心感谢哈佛大学邀请我在二〇〇一年至二〇〇二年进行查尔斯·艾略特·诺顿讲座。

在我停留的期间内，英文系对我的殷勤善意与温暖欢迎始终不辍。还要感谢美籍非裔研究计划中的主要成员的热情支持。

身兼诗人与评论家的威廉·洛根带给我无价的感动。

我的儿子——波士顿大学的大卫·斯坦纳教授，与儿媳妇——艾弗琳·恩德博士（她还曾是我的学生），他们知道他们对我的意义。

最后，我的妻子——萨拉·斯坦纳博士，你在教导与学习的一路相伴，实在堪为典范。

乔治·斯坦纳于英国剑桥
二〇〇二年十月

出版后记

乔治·斯坦纳,二十世纪杰出的人文主义学者、批评家。一九二九年出生于巴黎,父母为来自维也纳的犹太人。一九四〇年,纳粹即将占领巴黎前,他随家人移居纽约。在其就读的法国学校里,只有两名犹太学生在大屠杀中幸存下来,他正是其中之一,这深刻地影响了他后来的著述。斯坦纳先后就读于芝加哥大学、哈佛大学、牛津大学,任教于普林斯顿大学、剑桥大学、日内瓦大学。代表作有《托尔斯泰或陀思妥耶夫斯基》《语言与沉默》《悲剧之死》《巴别塔之后》等。他精通多种语言,又对语义、语境高度敏感,在二十世纪理论转向的批评风潮中,凭着对哲学思考和批评使命的深刻理解,力图恢复人文主义的批评传统,最终达到二十世纪人文知识分子的高峰。

《大师与门徒》(*Lessons of the Masters*)出版于二〇〇四年,基于二〇〇一~二〇〇二年作者在哈佛大学所做的查尔斯·艾略特·诺顿系列讲座。在本书中,斯坦纳回溯历史上的教学事迹,阐述师生间的冲突与遭遇,对各种教育形式中的情结、权力、信任与激情进行了精辟的阐释与分析。书中列举了众多典范人物，如苏格拉底与柏拉图、耶稣与其门徒、维吉尔与但丁、胡塞尔与海德格尔及阿伦特等。斯坦纳宏阔的视野与深入浅出的论述反复围绕着三个主题展开：老师剥削学生信赖感与独立性的权力；老师为学生颠覆与背叛的威胁；师生之间的相互信赖与关爱，指导与学习。

希望本书的出版，有助我们深入理解文化与技艺传承过程中这一必要的中心环节。本书博涉西方文化诸领域的观点及人物，虽然篇幅不大，但是翻译难度不可说不小，敬希读者方家不吝指正，帮助我们完善译文。